浙江电子商务的法律治理

徐　伟 编著

浙江工商大学出版社
ZHEJIANG GONGSHANG UNIVERSITY PRESS

图书在版编目(CIP)数据

浙江电子商务的法律治理 / 徐伟编著. — 杭州 :
浙江工商大学出版社，2016.1(2017.3 重印)
(法治浙江丛书)
ISBN 978-7-5178-1456-6

Ⅰ. ①浙… Ⅱ. ①徐… Ⅲ. ①电子商务－法规－研究
－浙江省 Ⅳ. ①D927.550.229.44

中国版本图书馆 CIP 数据核字(2015)第 306102 号

浙江电子商务的法律治理

徐　伟 编著

出 品 人	鲍观明
责任编辑	吴岳婷　刘　韵
封面设计	许寅华
责任印制	包建辉
出版发行	浙江工商大学出版社 (杭州市教工路 198 号　邮政编码 310012) (E-mail:zjgsupress@163.com) (网址:http://www.zjgsupress.com) 电话:0571－88904980,88831806(传真)
排　　版	杭州朝曦图文设计有限公司
印　　刷	虎彩印艺股份有限公司
开　　本	880mm×1230mm　1/32
印　　张	5
字　　数	135 千
版 印 次	2016 年 1 月第 1 版　2017 年 3 月第 2 次印刷
书　　号	ISBN 978-7-5178-1456-6
定　　价	28.00 元

《“法治浙江”丛书》编委会

序　言

党的十八届四中全会通过的《关于全面推进依法治国若干问题的决定》明确提出全面推进依法治国的总目标，即建设中国特色社会主义法治体系，建设社会主义法治国家。习近平总书记指出："提出这个总目标，既明确了全面推进依法治国的性质和方向，又突出了全面推进依法治国的工作重点和总抓手。"法治成为政府治理、国家治理、社会治理的根本手段，同时法治又是人类共同追求的崇高理想目标。

中外历史经验表明，在国家法治建设的进程中，难免会遭遇种种困难，理论的争锋、观念的冲突、旧制度的阻挡，以及利益的再分配，都会使法治建设的推进不是一条坦途大道。推行法治者不但需要义无反顾的壮烈情怀，还需要一往无前的探索勇气。

苏力教授在《法治及其本土资源》一书中说："真正能得到有效贯彻执行的法律恰恰是那些与通行的习惯、惯例相一致或相近的规定。"确实，实现法治的基本要求便是法律的有效执行，要使其融入民众的生活，就必须充分利用本土资源。这便是说，法治之路离不开地方性的探索与实践。

浙江是改革开放的先行者和排头兵，是中国经济社会发展最具有活力的省份之一，而且在法治建设方面浙江也一直敢立潮头，勇于实践。

2003年8月起，在时任省委书记习近平的推动下，浙江省实行领导干部下访制度，变群众上访为领导下访，成为"法治浙江"建设的重要载体。2005年，省委十一届九次全会，通过《中共浙江省委关于制定浙江省国民经济和社会发展第十一个五年规划的建议》，明确提出要"以推进'法治浙江'建设为载体，努力建设民主健全、法治完备、公共权力运行规范、公民权利切实保障的法治社会”。2006年，省委十一届十次全体（扩大）会议，又审议通过《中共浙江省委关于建设“法治浙江”的决定》。会议指出，省委提出并推进“法治浙江”建设，是根据中央的决策部署，对浙江现代化建设总体布局的进一步完善。2014年12月4日，省委十三届六次全会通过了《关于全面深化法治浙江建设的决定》，浙江进入了法治建设的快车道。

自习近平同志在浙江省提出“法治建设”决策近10年来，全省各地、各部门扎实推进“法治浙江”建设，依法执政水平明显提高，科学立法、严格执法、公正司法、全民守法等各方面均取得显著成效，走出了一条经济发达地区法治先行先试的新路子。今天，站在新的历史起点上，面对新的形势任务，浙江人民在浙江省委的领导下，乘势而上，浙江省委就全面深化“法治浙江”建设做出新的部署，明确了“路线图”，确定了“时间表”，全面推进“法治浙江”建设正向纵深发展。

宁波大学法学院的老师们受浙江省社会科学界联合会的委托，着手撰写“‘法治浙江’丛书”，旨在探寻“法治浙江”建设的曲折历程，展示“法治浙江”建设的丰富内容，揭示“法治浙江”建设的基本规律，总结“法治浙江”建设的成功经验与发展障碍，谋划“法治浙江”建设的新思路、新方案、新路径。

经过近一年酝酿策划、调研讨论和分工撰写，代表这一研究成果的十一个课题成果以丛书形式呈献给读者。相信这套丛书的出版，能让全国乃至世界了解“法治浙江”建设成果，同时也希望能够引起浙江乃至全国法学界、法律界人士总结“法治浙江”的经验，思考“法治浙江”的未来趋势，与我们一起共同把这一个课题做得更好、更深。

是为序。

沈满洪

2015年11月5日

注：作者为宁波大学校长

目　录

第一章　电子商务法律治理概述

第一节　什么是电子商务

随着因特网在全球的覆盖，电子商务领域也迅速发展，使得数以万计的企业、个人、政府等也都纷纷加入其中，去寻找和创造新的商业机会，这也使得电子商务成为当下最热门的话题之一。电子商务是计算机和网络技术飞速发展的产物，是互联网对商业运行模式做出的变革，它在现代商务活动中扮演着重要的角色，也代表了未来商务模式发展的新方向。然而，要想对电子商务进行一个全面、准确的认识，还必须从最基础的概念开始，即到底什么是电子商务？

一、电子商务的概念

虽然到目前为止，电子商务的发展已经得到了社会各界的广泛认知，但是从电子商务诞生之日起，学术界就一直难以给出一个明确的定义，关于电子商务的统一概念更是众说纷纭。简单从字面上来看，电子商务是由“电子”和“商务”两个词汇构成，所以其理应是指利用一切电子技术进行的所有商务活动，这是最通俗、最直接的解释。

（一）国际上有关电子商务概念的解释

联合国国际贸易法委员会在 1996 年通过的《电子商务示范法》中的第一条规定：“本法适用于在商业活动方面适用的、以一项数据电文为形式的任何种类的信息。”这一条虽然只是阐述了该法的适用范围，而并没有对电子商务的概念进行直接规定，我们却不难从中推出，该法所理解的电子商务是“凡是以数据电文为形式的一切商业活动”。1997 年，在巴黎举行的世界电子商务会议上形成了目前电子商务较为权威的概念阐述：“电子商务，是指实现整个贸易活动的电子化。从涵盖范围方面可以定义为：交易各方以电子交易方式而不是通过当面交换或者直接面谈方式进行的任何形式的商业交易；从技术方面可以定义为：电子商务是一种多技术的集合体，包括交换数据（如电子数据交换、电子邮件）、获得数据（如共享数据库、电子公告牌）以及自动捕获数据（如条形码）等。”在世界贸易组织在 2002 年出版的《电子商务与世界贸易组织的作用》一书中，关于电子商务的概念是这样表述的：“电子商务可以简单地定义为，通过电子通信网络进行产品的生产、广告、销售和分配。”

美国的《安全电子商务》一书中写道：“电子商务是一个含义广泛的词汇，它描述了与企业相关的自动化交易，从通过电子邮件向文具购买一支铅笔，到在万维网电子交易商场里购物，到向政府电子报税，以至于巨额仓单控制交易。”欧共体理事会在向欧洲议会提交的关于电子商务的白皮书中写道：“电子商务，就是通过电子手段进行的商务活动，基于对包括文本、声音和图像等的数据的电子化处理和交换，电子商务包括了对货物和服务的电子贸易、数字内容的网上交货、电子资金转移、电子股票交易、电子提单、商业拍卖、合作设计开发以及针对用户的直接广告和售后服务等各种各样的商业行为。”

（二）我国有关电子商务概念的解释

根据目前我国学界的研究状况，电子商务的概念一般都被划分为两种，即广义上的电子商务和狭义上的电子商务。广义的电子商务可以用英文 Electronic Commerce 表示，是指利用电话、电报、网络等一切电子工具从事的一切相关商务活动，这里不管是电子还是商务都是开放性的概念，都做了广义的解释。狭义的电子商务用英文表示则是 Internet Commerce，它是指以因特网为平台来进行的所有商务活动。因特网在所有电子工具中发展最快、应用最广，是电子商务发展的主流，所以我们一般所说的电子商务也都是指因特网电子商务，即狭义的电子商务。

二、电子商务的特点

从本质上来说，电子商务仍然是一种商务活动，只不过相比于传统的商务活动，它借助了计算机网络技术，故而在此基础上又形成了一些自身独有的特点。具体来说，电子商务有以下特点。

（一）采用先进的电子化技术

伴随着电子信息技术在生活中的大量应用，人们会发现自己已经进入一个电子信息技术包围的时代当中，电子信息技术由于其看不见摸不着的特性，使得人们总觉得它存在一种神秘感，对于电子商务也是。虽然日常生活中我们经常通过淘宝、阿里旺旺等网站或软件进行电子商务活动，但是我们仍然无法说清楚自己是如何通过一根网线来进行这些活动的。这正是因为电子商务采取了先进的电子化技术，将商业活动所需要的信息利用网络再现出来，并且通过网络完成了要约、承诺和支付等，这相当于为电子商务构建了一个虚拟的商业环境，但人们却可以在这个虚拟的环境中进行自由、真实的交易。

（二）增加交易机会

借助互联网工具，商家可以通过网站超链接等设立广告，也可以通过电子信箱等向特定对象推送消费信息。相比传统商务，电子商务的宣传渠道有所增多，宣传效果有所提高，而宣传成本却有所降低，这样便可以更多地吸引消费者注意，增加交易机会，促进交易增长。

（三）实现交易的信息化和无纸化

相比于传统商务活动，电子商务活动的一大改变是信息载体发生了重大的改变，电子商务将原本记载交易者意思和交易内容的纸质载体彻底抛弃，进而运用电子信息记录所有交易内容。这些数字化信息在读取时必须要借助电脑和网络等电子工具，在需要时，也可以将其打印出来转化为书面文件。电子商务在这一方面的技术突破，实现了商业交易的信息化和无纸化。

（四）实现交易的自动化和迅捷化

在互联网社会中，各种信息在弹指间便可传递到世界各地，而且电子技术的发展使得信息可以自动传递。体现到电子商务中，便是交易过程中的产品信息、订约信息、要约承诺的达成等可以利用互联网自动、迅速地完成。这不仅使产品与服务的销售更加迅捷，而且使交易主体之间的沟通更加迅捷，交易的自动化和迅捷化也大大提高了交易的效率，降低了交易的成本。

（五）实现真正的贸易全球化

互联网的出现使地球成了地球村，而电子商务能够跨越时间和空间的特性，使其真正实现了贸易的全球化。从时间上来看，电子商务没有营业时间，24 小时中每时每刻都可以去光顾；从空间上来看，电子商务主要是依赖互联网发生交易关系的，而互联网是没有地理界限的。加之近些年来移动电子商务的迅猛发展，使电子商务在时间和空间上的界限更加模糊，进一步加深了电子商务领域的贸易全球化，成为拉动网络经济增长的新引擎。

三、电子商务的模式

电子商务在实践中的日益应用，也使得多种成功的电子商务模式应运而生。根据不同的标准，我们可以对电子商务的模式做不同的划分。

（一）根据主体划分

根据交易主体的不同，电子商务模式主要可以被划分为 B2B、B2C、C2C 三大主流模式和 B2G 这一新近模式。

1. B2B(Business to Business)

B2B 指企业与企业之间进行的电子商务。它是指进行电子交易的双方都是企业，并且双方企业利用互联网技术或者各种商务网络平台完成商务交易的过程。它将企业内部网通过 B2B 网站与客户紧密结合起来，通过网络的快速反应为客户提供更加优质的服务，促进企业的业务发展。

2. B2C(Business to Customer)

B2C 指企业与消费者之间的电子商务。它是指企业直接面向消费者销售产品和服务的商业零售模式。一般主要借助于互联网来开展在线销售活动，通过互联网为消费者提供一个新型的购物环境，让消费者通过网上商店进行网上购物和消费等。

3. C2C(Customer to Customer)

C2C 指消费者与消费者之间的电子商务。它是指消费者与消费者通过互联网进行交易，比如一个消费者将自己的物品通过网络出售给另一个消费者。这一交易模式一般会通过提供设立个人在线商店网络服务提供商进行，而网络服务商仅在交易关系中提供平台、信息传递等服务。

4. B2G(Business to Government)

B2G 指企业与政府之间的电子商务。它是指企业和政府机关能使用互联网来交换数据并相互做生意，比如电子通关、电子报税、电子采购等，这一过程由于在网上完成，可以使企业随时了解政府动态，并且可以减少中间环节的时间和物质成本。

(二)根据空间划分

根据地理空间可以将电子商务模式划分为本地区模式、跨地区模式和跨国家模式三种。

1. 本地区模式

本地区模式指利用本城市内或者本地区内的信息网络实现的电子商务活动，涉及的地域范围相对较小。

2. 跨地区模式

跨地区模式指在本国或者本省范围内进行的电子商务活动，涉及较大的地域范围，需要不同地区的工商、税务、行政等部门之间的协调与合作。

3.跨国家模式

跨国家模式指在全世界范围内进行的电子商务活动，由世界各国中参加电子商务的各方通过互联网进行相关商务活动，涉及不同国家的进出口制度、海关系统、税务系统等，业务内容相当繁杂。

（三）根据经营水平划分

根据电子商务经营者的经营水平，参考信息网络系统、支付服务机构、组织管理水平等影响因素，可以将电子商务模式划分为初级水平、中级水平和高级水平。

1.电子商务初级水平

电子商务初级水平指在电子商务活动中主要实现信息流、商流的网络化，在网上进行商品信息的发布和在网上签约洽谈等，但不进行网上支付。

2.电子商务中级水平

电子商务中级水平指不仅在电子商务活动中实现信息流、商流的网络化，并且要实现资金流的网络化，交易达成后可以与客户进行网上支付。

3.电子商务高级水平

电子商务高级水平指在电子商务活动过程不仅实现了信息流、商流、资金流的网络化，还在此基础上实现了物流的网络化，达到了企业之间的智能化、协同化办公，以实现电子商务的高级经营服务。

除了这三种划分标准外，还有按是否通过中介网站进行交易这一标准将电子商务模式划分为直接交易模式和间接交易模式；按经营范围不同划分为专业模式和综合模式；按规模大小划分为大型、中型和小型电子商务等。

四、电子商务时代的社会变革

根据中国互联网络信息中心发布的第36次《中国互联网络发

展状况统计报告》显示，截至2015年6月，我国网民规模已达6.68亿，互联网普及率为48.8%。而根据中心发布的《2014年中国网络购物市场研究报告》显示，截至2014年12月，我国网络购物用户规模已达3.61亿人，较2013年底增加5 953万人，增长率为19.7%；我国网民使用网络购物的比例从48.9%提升至55.7%。从这一系列数据中我们可以发现，我国目前的网民数和互联网普及率均已接近半数，而我国网民使用网络购物的比例也已高达55%，这是多么惊人而又意料之中的一组数据。互联网的出现和发展，已经推动了整个社会广泛、深刻的变革，于电子商务而言，虽然从表面上来看只是一种交易形式的改变，然而事实却是一切交易过程都随着这一形式发生了重大的变化。电子商务不仅是一种技术上的变革，而且它还通过技术的辅助、支持和引导使自身发生了根本性的变化，它绝对不是传统电子商务简单的电子化，或者仅仅是借助互联网平台进行传统商务的活动。与传统的商务模式相比，电子商务的关键点在于它通过互联网建立起了一个全新的商业关系，而该新的商业关系与传统商业关系有着本质的区别。当然，我们不可否认的是这一新的商业关系并不是凭空产生的，而是在传统商业关系的基础上进行变革，通过对互联网的应用，将传统的商业关系插上新技术的翅膀，使其脱胎换骨，产生质的变化。

第二节 电子商务法律治理概况

面对电子商务这一交易模式带来的种种冲击，不仅经济和政治方面正在发生着空前的变化，法律也不例外。电子商务这一新型领域的蓬勃发展，不仅对原有的民商、经济、刑法等法律体系产生了影响，而且催生了一新法律研究领域的出现，即电子商务法。

一、国际电子商务立法概况

国际电子商务的立法是伴随着电子信息技术的发展而开始的，最早可以追溯到20世纪80年代，当时的计算机技术已经有了一定的发展，一些国家和企业都开始大量的运用计算机来处理数据，这便出现了一系列与计算机数据相关的法律问题，所以这也决定了初期的国际电子商务立法都是围绕电子数据交换的规则展开制定的。

在国际组织方面，联合国国际贸易法委员会是国际电子商务法律研究与拟制工作的核心，其于1984年提交的《自动数据处理的法律问题》报告，拉开了电子商务国际立法的序幕。1993年国际贸易法委员会电子交换工作组全面审议了《电子数据交换及贸易数据通信有关手段法律方面的统一规则草案》，形成了电子数据交换的法律基础。1996年6月国际贸易法委员会通过了《电子商务示范法》。1999年国际贸易法委员会电子商务工作组颁布了《电子签名统一规则(草案)》，2001年3月正式公布了《电子签字示范法》。国际商会于1987年9月通过了《电子传输贸易数据交换统一守则》，于1997年11月6日通过了《国际数字保证商务通则》，目前正在制定《电子贸易和结算规则》等。此外，国际贸易法委员会和国际商会还于1998年制定了《电子签名法》和《电子签名统一规则》。国际海事委员会、海关合作理事会、欧洲电传交换组织于1990年分别通过或拟定了《电子提单规则》《关于海事与商人间数据交换协议与电子数据交换用户手册指南》《交换协议指南》。1997年世界贸易组织达成了三个电子商务和信息技术方面的协议：《全球基础电信协议》《信息技术协议》《开放全球金融服务市场协议》。1998年经合组织也公布了三个与电子商务有关的重要文件：《经合组织电子商务行动计划》《有关国际组织和地区组织的报告：电子商务的活动和计划》《工商界全球商务行动计划》。

美国是全球Internet的策源地和最早开展电子商务的国家，也是电子商务立法最为活跃的国家。20世纪90年代以前，其制定、颁布的主要法规有：1966年《情报自由法》及1974年和1986年的修订案、1976年《阳光下的政府法》、1974年《个人隐私法》、1978年《电子资金划拨法》、1980年《版权法》修订案、1984年《半导体芯片保护法》、1984年和1986年《计算机欺诈与滥用法》、1987年《计算机安全法》等。进入20世纪90年代以后,其立法活动更加活跃,较有代表性的有:1996年的《电信法》、1998年的《互联网课税自由法案》、美国统一州法全国委员会1999年7月公布的《统一计算机信息交易法》和《统一电子交易法》、2000年4月生效的《儿童在线隐私保护法》、2000年10月生效的《电子签名全球与国内贸易法案》等。欧盟也紧随美国之后,一直致力于在欧盟内部促进电子商务的发展。欧盟1997年提出的《关于电子商务的欧洲建议》、1998年发表的《欧盟电子签字法律框架指南》和《欧盟关于处理个人数据及其自由流动中保护个人的指令》。欧洲议会于1999年12月通过的《数字签名指令》和2000年5月通过的《电子商务指令》。英国1982年颁布的《电信法》、1984年颁布的《数据保护法》,德国1997年6月通过的《信息与电信服务法》,法国1999年通过的《信息社会法案》等。亚洲的新加坡、大洋洲的澳大利亚的电子商务立法较为发达,新加坡1996年颁布了《Internet分级注册管理办法》、1998年通过了《电子交易法》等,澳大利亚1996年颁布了《海运单据法案》、1999年颁布了《电子交易法》等。①

二、我国电子商务法律治理的成效

几乎所有电子商务治理相关问题都涉及法律问题,所以要细数近些年来我国电子商务领域法治的成果,必然首推立法。自20世纪90年代我国政府开始重视电子商务对法律带来的冲击开始,从法律到行政法规再到部门规章、地方性法规,我国电子商务立法正在逐步推进和完善。

首先,从法律层面上来讲,在原有法律基础上做改变的主要有:1999年通过的《合同法》第十一条规定:"书面形式是指合同书、信件和数据电文(包括电报、电传、传真、电子数据交换和电子邮件)等可以有形地表现所载内容的形式。"这一规定将数据电文纳

① 刘满达:《电子商务法研究》,中国人民公安大学出版社2001年版,第11—14页。

入了书面形式。此外,《合同法》第十五、十六、二十四、二十六、三十三等条也都是与数据电文相关的条款;2009 年通过的《侵权责任法》第三十六条规定:“网络用户、网络服务提供者利用网络侵害他人民事权益的,应当承担侵权责任。网络用户利用网络服务实施侵权行为的,被侵权人有权通知网络服务提供者采取删除、屏蔽、断开链接等必要措施。网络服务提供者接到通知后未及时采取必要措施的,对损害的扩大部门与该网络用户承担连带责任。网络服务提供者知道网络用户利用其网络服务侵害他人民事权益,未采取必要措施的,与该网络用户承担连带责任”。除此之外,我们还于 2004 年 8 月正式通过了专门的电子商务立法,即《电子签名法》及 2015 年修正案。原信息产业部于 2005 年 2 月发布了《电子认证服务管理办法》,国家密码管理局也于 2005 年 3 月颁布了《电子认证服务密码管理办法》来配套《电子签名法》的实施。

其次,行政法规上主要有:1991 年国务院发布的《计算机软件保护条例》、1994 年发布的《计算机信息系统安全保护条例》、1996 年发布的《计算机信息网络国际联网管理暂行规定》及其 1997 年发布的修正案、1999 年发布的《商用密码管理条例》、2000 年发布的《互联网信息服务管理办法》、2006 年发布的《信息网络传播权保护条例》。

再次,各行业主管部门也陆续制定了部门规章,主要有:1997 年国内贸易部发布的《全国食品流通电子网络管理试行办法》、2000 年信息产业部的《互联网站从事等在新闻业务管理暂行规定》和《互联网电子公告服务管理规定》、2004 年国家食品药品监督管理总局公布的《互联网药品信息服务管理办法》、2005 年中国人民银行发布的《电子支付指引(第一号)》、2005 年信息产业部发布的《互联网电子邮件服务管理办法》、2006 年中国银行业监督委员会发布的《电子银行业务管理办法》、2010 年中国人民银行发布的《非金融机构支付服务管理办法》。

最后,我国北京、天津、上海等绝大部分的省、自治区和直辖市都在信息化的立法中对电子商务有所涉及,比如《北京市信息化促进条例》第二十六条规定“在本市从事互联网信息服务活动的，应当按照国家规定办理相应许可或者履行备案手续。利用互联网从事经营活动的单位和个人应当依法取得营业执照，并在网站主页面上公开经营主体信息、已取得相应许可或者备案的证明、服务规则和服务流程等相应信息”；广东省2002年通过专门的《广东省电子交易条例》（2010年失效）、上海市2008年通过的《上海市促进电子商务发展规定》等。伴随着电子商务领域立法工作如火如荼地开展，我国行政机关和司法机关在电子商务的法律治理上也都取得了一定的成果。比如，目前我国与电子商务有关的行政管理模式主要有：网站的登记备案和许可制度、快递服务的许可制度、第三方支付等非金融服务机构的经营许可制度等。再比如，国内知名第三方电子商务研究机构——中国电子商务研究中心发布的《2013—2014年度中国电子商务法律报告》中提到的十大案例，这些案件的成功审判都是我国司法机关对现有立法的成功运用。

此外，我们必须承认的是，我国电子商务法治领域能取得现有的成就，除了有国家进行法律上的干预，也有国家法律指导下电子商务行业进行的行业自律。2000年6月，由信息产业部申请，经国务院批准，我国电子商务协会在北京正式宣告成立。而且，随着2007年《电子商务发展“十一五”规划》和2012年《电子商务发展“十二五”规划》的出台，全国各地的电子商务协会如雨后春笋一样涌现，除台湾地区外，22个省、4个直辖市、5个自治区中只有江苏、湖北、西藏没有省级电子商务协会，62.3%省级电子商务协会成立于2007年后，各市、县（区）电子商务协会不可计数。① 这些大大小小电子商务协会的成立无疑为我国电子商务行业自律的进行提供了有力的保障，伴随着众多协会的成立，行规行约也开始逐步出台，比如2012年中国药店商学院医药电商研究中心发布了首个医药电商运营规范，即《中国医药电子商务行业自律公约》。行业自

① 龚冬梅：《电子商务行业自律规范体系的构建》，《吉林工商学院学报》2015年第1期，第108页。

律作为一种内部约束,既包括了行业内对国家法律、法规政策的遵守和贯彻,也包括了用行业内的行规行约制约自己的行为;既包括了行业组织对组织成员的约束,也包括了组织成员的自我约束。从电子商务企业层面来看,我们可以发现许多电子商务企业已经在多年的起起伏伏中磨炼和沉淀下来一系列有效的治理措施,我们可以称之为网规,比如2010年9月淘宝网发布的"淘宝规则"。

三、我国电子商务法律治理应注意的问题

虽然20余年来,我国在电子商务法律治理上已经取得了比较可观的成就,然而我们也不能忽视其中存在的不足。我国整体法治建设的进度也决定了我国电子商务领域法治建设的进展情况,相比于发达国家在其他法治建设已经相对成熟的法治环境上面进行单纯的电子商务法治建设,我国却是正在同步进行电子商务法治建设、市场经济法治建设和信用体系法治建设等多项建设。发达国家在个人信息保护、信用体系、责任追究等电商制度方面的发展都较为成熟,而我国的《物权法》《侵权责任法》等一些基础法律法规却都是近年来刚出台不久的。这就说明了我国一边还在进行着现实世界的市场经济法治建设,一边却要着手进行虚拟世界的互联网法治建设,难免会因左顾右盼而顾此失彼。

第三节　我国电子商务法律治理模式的探索

我国电子商务的法律治理是一个由宽到严的过程,而作为这一宽严分界点的可以说是2004年我国第一部真正意义上的电子商务法,即《电子签名法》的问世。2004年以前我国与电子商务有关的法律性文件层次都较低,覆盖面也相对狭窄,电子商务的发展基本都由市场这只无形的手来加以调节和规范。2004年以后,我国虽然一直强调由政府、行业协会和各类平台共同进行电子商务领域的法律治理,然而从具体实践来看,却并没有真正实现这一综合治理模式,目前还是以政府为主导的立法规制为主。

一、电子商务法律治理面临的挑战

健全的法律法规制度是一切执法、司法和自律活动的基础，它指导着行政执法机关、司法机关、行业协会和行业成员的具体实践活动，所以综观我国电子商务立法现状，我们目前面临的最大挑战便是电子商务立法。具体来说，有以下几点。

(一)综合立法或分别立法

在未来电子商务立法的工作推进中，我们必然面临这样一个问题，即应该起草一部无所不包、涵盖面广泛的综合性法律，使其可以调节电子商务活动的方方面面，还应该针对不同的问题或者对象，分别制定单行法律。综合立法派肯定会罗列出一大堆的理由来支持自己的观点，比如电子商务领域面临的各种问题实在是太多了，绝非对各项已有法律分别进行修补或者针对每一类问题进行单独立法而能够解决的。而且这一设想并非凭空产生，因为无论是现有的大量法律法规还是由众多网络平台制定的各种网规，都为电子商务的综合立法提供了坚实可靠的基础。分别立法派也会找到一系列的理由来反对综合立法派，比如电子商务活动涉及了太多的利益相关者，而要将这些利益相关者在一部法律里加以协调是根本不可能完成的任务。

(二)开门立法或闭门立法

开门立法是指一种自下而上的立法方式，即给予利益相关者表达自己诉求的机会，然后在法学专家的协助下由立法者聚合这些诉求，并在进行利弊权衡后形成法律草案，经过审议、批准的程序形成法律。这一方式的优点是通过对利益相关方诉求的整理，能够使立法者充分了解利益冲突的症结所在，进而能够更好地对其进行平衡。闭门立法则是指一种自上而下的立法方式，即立法者在法学专家的协助下，对各利益相关者的利益进行考量，然后基于公平公正的立法理念，寻找各方利益冲突的平衡点，进而起草法律草案，经过审议、批准的程序形成法律。这种方式的好处在于它既可以避免众多来自电子商务相关部门的干预,也可以避免公共舆论带来的不利影响,快速地形成立法。

(三)快速立法或缓进立法

其实每一次立法前,立法者考虑的问题都应该是这项立法是刻不容缓还是慢慢等待时机的成熟?快速立法派认为,伴随着电子商务的快速发展,现有的法律体系已经难以满足电子商务领域的法律需求,实践中已经出现了众多没有法律调整的真空地带和因为相关法律条文过于简单而无法有效调整的半真空地带,电子商务立法刻不容缓。与快速立法派相反的是,缓进立法派认为虽然现实中可能存在快速立法派提到的相关问题,但这并不是意味着电子商务立法工作已经到了刻不容缓的地步,在相关时机和条件还不够成熟的情况下,若盲目地匆匆进行立法,则必然会事倍功半,甚至会对电子商务领域的进一步发展起到反作用。

(四)中国特色或国际接轨

经济全球化的世界背景以及互联网跨时空的独有特性,使得如何在中国特色和国际接轨这两者之间进行权衡成为我们在进行电子商务立法时不得不面对的一个问题。当前国际社会中关于电子商务的立法是由欧美等发达国家进行主导、支配的,考虑到我国作为发展中国家的国情,若要贸然实现与国际立法接轨的话,可能会对我国的政治与经济都产生不利的影响。然而,电子商务的一个重要特性就是其真正实现了贸易的自由化,所以如果仅仅考虑国内情况制定出中国的电子商务法,而不与国际惯例接轨,那么势必会对我国的进出口经济和友好外交产生不利影响。

以上几点都是我们在进行电子商务立法工作时会面临的重大挑战,然而上面针对这几点挑战的分类方式也都过于极端,或许现实立法中真正的挑战并不是两者之中二选一,而是应该如何在众多的两者之间都做出很好的平衡,制定出让各个利益相关方都满意的电子商务法律。

二、电子商务法律治理的基本原则

（一）多主体治理原则

电子商务活动涉及众多的主体，比如政府、企业、平台、公众，他们之间分别具有不同的法律地位，既不是命令与服从的关系，也不是平等的意思自治主体，而更多的是体现为一种相互合作关系，以共同维护电子商务交易秩序。所以，强调协商精神的多主体共同治理原则对电子商务领域的进一步蓬勃发展具有重大意义。电子商务中的买家和卖家都是海量的，而且交易跨时空的特性以及互联网平台虚拟化的特性，使得传统的仅仅依靠政府进行划地区划部门式的治理方式根本无法适用，所以，在电子商务法律治理上势必要坚持多主体治理的原则。

（二）意思自治原则

在民法领域中，意思自治原则是其最基本的原则，而就电子商务的本质来看，其仍然是在平等主体之间进行的各种商业活动，其主体间发生的法律关系仍归属于民事法律关系。所以，电子商务作为民法调整范围的一部分，必然也要遵守意思自治原则。当然，我们需要注意的是，由于电子商务自身独有的特性，其所强调的意思自治原则自然也会与一般民法不完全一致。民法中的意思自治是指当事人依法享有资源订立合同的权利，任何单位和个人不得非法干预。而电子商务法中的意思自治更侧重于去援引当事人的意思自治作为调整其权利义务关系的规范，特别是在电子商务法律难以或者不便于做出规范的时候。

（三）中立原则

首先，技术要中立，是指法律对电子商务的技术手段一视同仁，不限定使用或不禁止使用何种技术，也不对特定技术在法律效力上进行区别对待。其次，媒介要中立，是指法律对于交易是采用纸质媒介还是采用电子媒介或者其他媒介都应一视同仁，不能因交易采用的媒介不同而区别对待或者赋予不同的法律效力。最后，实施要中立，即电子商务法律与其他相关法律的实施上不作任何特殊的偏废适用，针对本国电子商务活动和跨国电子商务活动的法律待遇，也应一视同仁，不做什么歧视。

（四）适度干预原则

从电子商务市场的发展史来看，电子商务行业基本上是以企业家们为主体，在其他个人市场主体的参与下，根据市场的需求而自行发展起来的。然而电子商务市场能够一路蓬勃发展，这必然与国家的干预息息相关，所以国家进行干预一定是电子商务领域法律治理的基本原则。国家在对电子商务市场进行干预的过程中，一定要秉承着克制的理念，以市场自治为前提，在必要的范围内进行适度干预。这也要求国家在出台有关电子商务法时一定要为市场的自由发展留下合理的空间，而不是对任何可能事项都做面面俱到的规定或者将每一个问题的结果都规定的没有裁量空间，这样才能使得市场这只无形的手与政府这只有形的手紧紧握在一起，共同促进电子商务行业的发展。

（五）有效治理原则

治理的成功与否，最终还是由治理的效果来决定的，所以在对电子商务进行法律治理的过程中我们一定要坚持有效治理的原则。一项治理是否有效，用最通俗的方式进行判断，便是治理主体是否以恰当的方式对治理对象进行了治理，并取得了良好的成效。所以，对应到电子商务的法律治理中，我们首先要充分了解电子商务的特性，然后界定进行法律治理的范围，再用最科学的方式对其进行行之有效的治理，最终为电子商务领域建立良好的市场秩序。

三、电子商务治理的两种模式：国家干预和行业自律

按照治理主体的不同，我们可以将电子商务领域的法律治理模式分为国家干预型和行业自律型。目前，国家干预型是绝大多数国家采用的模式，主要是以立法为基础，综合运用行政管理、行业自律和社会监督等多种手段，共同对电子商务领域实施治理。

关于此种模式,国际上最有代表性的是欧盟,其一直倾向于采取立法规制为主导的法律规范模式,注重对消费者权益和电子商务往来中个人信息的严格保护,网络服务经营者也承担较为严格的责任和义务。而行业自律型,最具代表性的是美国。美国始终秉承着鼓励创新和发展的态度,强调以灵活的政府管理和司法机制来实现其一直倡导的"开放、自由和包容的多方管理"的治理模式,在电子签名、数据和隐私权保护、网络服务提供商法律责任、消费者权益保护等各个电子商务领域均体现出放任主义的管理思想:以行业自律为主导的自治性规范模式,依法则坚持技术中立原则。①

① 沈岿、付宇程、刘权等:《电子商务监管导论》,法律出版社 2015 年版,第 50—51 页。

第二章 浙江省电子商务国家干预的探索

第一节 国家干预概述

国家干预作为一种新观念和思想，首先是由经济学家提出并进行论证的。在20世纪30年代中期，凯恩斯完成了国家干预理论的经济学论证，开启了经济学理论变革和资本主义经济发展的新时代。随着其影响范围的不断扩大，国家干预的思想也引起了法学界的关注。20世纪末，我国开始在计划经济基础上着手建立社会主义市场经济体制，国外各种经济法学思潮不断涌入，“国家干预论”独树一帜。国家作为具有独立意志的实体，代表着市场经济整体的、长远的和根本的利益。市场经济需要国家根据经济运行状况进行相应的调整，以促进经济健康发展。

一、国家干预的含义

作为经济学概念，国家干预就是一种国家行为。而其从法学角度分析，国家干预则是一个广泛的概念，其干预的范围主要是指政府对社会经济生活的干预。就其干预主体讲，又包括国家权力机关的干预、国家行政机关的干预、国家司法机关的干预以及国家授权“第三部门”所进行的干预。国家干预经济可以是宏观和微观、指令性和指导性、刚性和柔性、公权和私权等多种形式。法律反应的是国家意志，从广义上讲，都是国家对社会关系的干预。而最早的国家干预理论一般认为形成于凯恩斯主义。

其实，在凯恩斯之前，德国历史学派李斯特就已经从自己的生产力理论出发，认为国家对经济的干预是不可缺少的。他认为，后进国家如果将工业或农业的利益去服从、适应商业的需要，完全自由放任，后果将不堪设想，必须依靠国家采取一些具体的政策措施，如保护关税来扶持本国幼稚商业的发展。20世纪以后，作为自由放任的私人企业制度典范的英国，由于战争损耗巨大，通货出现迅速的膨胀，其种种自由经济机制是英国在产业结构的调整、工业组织的完善和经营管理方式的改进等方面，逐步落到后期资本主义国家后面。因此，英国在国际贸易中的优越地位进一步被削弱。然而当时英国仍然使用经济自由理论来制定经济政策，造成了经济的进一步衰退。

20世纪30年代，经济自由主义理论因严重的经济危机宣告失败，凯恩斯进行详细的论证后得出了自己的结论，其认为，由于存在着“灵活偏好规律”“边际消费倾向递减规律”和“资本边际效率递减规律”三个心理规律，决定了有效需求不足和投资不足，这就必然存在失业和生产必然过剩，亦即经济危机，因此，市场机制存在缺陷，它不能保证充分就业。要实现充分就业，就必须通过扩大政府支出来弥补私人有效需求不足，即政府干预。凯恩斯这一理论主张被资产阶级政府所接受，他们根据该理论制定了一系列的政策和法律，对走出经济危机起了至关重要的作用。此后政府虽然对凯恩斯主义的主张进行了变动，但国家干预这一核心内容始终被坚持着，并对资本主义经济发展产生了深远影响。

国家干预依其法律含义，根据不同的标准可以进行以下分类：

从国家身份角度来看，分为公权方式的干预和私权方式的干预。公权方式的干预是指国家以公权者的身份，从全社会利益出发，运用国家权力对经济运行进行干预的反映。这种干预，通常以国家最高权力机关颁布的法律，国家最高行政机关颁布的行政法规，有立法权的地方权力机关颁布的地方性法规以及国务院和地方各级政府规章为依据。私权方式的干预是指国家采用非权力的、私法的手段直接地介入经济生活，例如政府进行非权力的特定物资的购买、向执行一定经济政策的特定机构出资、向公共事业和特殊形态的产业投资等都属于这种方式。我国现在已经实行且不断受到重视的国债制度、政府采购制度以及国家投资制度等，都是私权方式的典型表现。

从干预的具体方式来看，分为刚性干预和柔性干预。刚性干预是指通过政府的干预行为，以命令的方式，直接对相对人进行管理。较多地采用许可、确认、检查、限制及禁止等手段，单方面为相对人设定权利义务，违反义务者则承担不利的法律后果。这种干预有两个特点：第一，总是为了直接或间接地实现某种经济目的；第二，对于相对人来讲，具有必须服从的性质。柔性干预是指政府为实施经济政策目标，通过向市场主体做工作、做出妥协或予以平等协商，期待市场主体贯彻政府意图的行为形式。柔性干预以形式上的柔软、温和为特征，将国家经济政策、目标的实现，寓于积极的、诱导鼓励性的行为之中，对相对人不产生必须接受的法律效果。与刚性干预相比，它包括行政指导、行政计划和行政合同等。

二、国家干预的调整对象及其结构

（一）国家干预的调整对象

法律是以社会关系为调整对象的行为规范，从法律角度和国家干预的含义来看，国家干预应当是通过权利义务的再分配、法律责任的设置以及对违法行为的制裁来调整需要干预的经济关系。从这一角度看，如果客观上存在着一种新的、需要国家干预的社会关系，则国家干预才有存在的意义和价值，否则，这种干预不但多余，而且有害。

众所周知，在自由竞争时期，国家不干预是因为人们基于个体利益与社会公共利益相一致的假设。也就是说，个体行为有利于促进社会公共利益。人们当时认为，对政治国家内部关系通过宪法安排，就足以保持它们之间的平衡，从而达到制约权力和维护公民权利并促进社会公共利益的目的，对行政机关和司法机关与公民之间的关系，通过行政法和诉讼法的安排，就可以防止国家权力的滥用，保障公民权利的实现；对市民社会内部成员之间关系的民法安排，就能保证当事人在平等自愿，自由协商的基础上自我调整。而对于个体尤其是政府与社会整体之间的关系，在当时个人主义哲学和自由主义的指导下却被人们特别是国家所忽视。然而，随之而来的破坏生态环境、垄断、欺诈消费者和忽视劳动者权益的事件否定了国家的这种法律安排。其行为后果已经超出了个体利益的法律范畴并且不断外溢出当事人之间的关系范围，使得全社会承受由此造成的恶果。如果国家继续放任自流，则个体与社会公共利益之间的矛盾将日益恶化，将会导致人类社会的自我毁灭。因此，国家对这种涉及每个人利益的关系必须出面干预，将社会整体看作一个特殊的对象加以保护。而且，只有担负起这一职能，国家才有其存在的意义。由此可见，国家干预有着其存在的社会关系基础，这种关系应当是个体与社会整体之间的关系，是以市场主体包括政府与社会公共利益之间的一种关系。

（二）国家干预的法律逻辑结构

如前文所述，国家干预应该包括国家立法干预、行政干预和司法干预，而其核心是行政机关的干预。对于立法干预、行政干预和司法干预来说，不应该孤立的将其作为国家干预的全部，而是应当将三者构成一个紧密联系的经济法律体系。

在国家干预的体系里，立法干预和司法干预都是以行政干预为其逻辑起点，围绕政府的干预行为和市场经济行为而展开的。而政府干预行为是经济法国家干预的核心，政府可以通过直接参与市场经济或是介入市场行为干预市场经济关系。立法机关为政府干预、市场行为及司法干预制定相关的经济法律规范，行政机关依法履行干预职责，司法机关依法通过司法活动对发生的政府干预行为和市场行为进行最终干预。① 三者相辅相成，缺一不可。

---

① 董成惠：《经济法"国家干预"法律机制的探讨》，《行政与法》2010 年第 8 期，第 71 页。

三、国家干预的意义

国家干预在资本主义社会中的影响力显而易见，对于中国来说，同样具有相当重要的作用。“国家干预”理论流行于中国之时，正是我国开始经济体制改革的时期。一般来说，转轨国家大多都要重塑宏观经济体系，加强政府对经济的干预能力，提高政府的经济控制力，以最终实现经济持续增长的目标。如果离开了国家干预，我国市场经济的建立将是不可想象的。而制度的创制主要依赖于国家。在现代市场经济条件下，政府对经济干预的力量和在现代经济发展中的作用是根本无法否认的。从法律层次方面分析，国家干预更加有利于法律所追求的价值目标。

（一）国家干预有利于实现法律意义上的自由

自由需要法律的承认和国家的干预。人类历史上少数人享有自由、多数人没有自由或只有很少自由的事实都是由与之相适应的国家所决定的。近代资产阶级掌握国家政权之后，国家对自由原则上采取的是放任态度。这种态度以法律形式表现出来，并通过国家强制力予以保障，这就是契约自由和自由竞争。这种不加区分地分配自由最终导致的结果就是，富裕者更加富裕，贫困者更加贫困。因此，国家对自由的完全放任态度实际是对自由的践踏。如果继续采取不干预态度，那么将会出现少数人无限自由，大多数人失去自由的现象。国家干预思想的出现使这种现象有了较大改观，因为国家通过法律形式限制了一些人的自由，使多数人的自由得以保障。《反垄断法》《消费者权益保护法》《劳动法》和《环境保护法》等法律都体现着国家对经济自由的干预，它们的目的和使命与宪法和传统民法相同，都是为了保障人们，严格说是大多数人的自由，只不过各自反映的对象不同。

（二）国家干预有利于实现法律效益目标

法应当以效益未分配权利和义务的标准，国家干预最初的产生就是源于解决效率问题。法律意义上的国家干预并不是直接改变经济资源的配置结构来追求效益，而是通过改变完全自由市场状态下的法律资源，比如权力、权利、义务和责任来促进效益。正如经济学家科斯所言："合法权利的初始界定会对经济制度运行的效率产生影响。权利的一种调整会比其他安排产生更多的价值。"20世纪30年代，罗斯福总统运用法律手段成功地缓解了美国的经济危机，把法律干预危机和市场的方法推到了顶峰。其原因就在于，权利和义务等法律资源与经济学上的资源有着同等的功用，甚至在某些方面决定着经济资源的使用和配置效率。

（三）国家干预对于秩序方面具有深远的意义

甚至可以说，国家干预是为维护社会秩序而产生的。法律上的国家干预与经济学上的国家干预不同，不是通过财政或货币手段改变市场中的投资和货币数量来实现充分就业和经济增长等目标，而是通过重新安排权利和义务来改变人们的行为模式和方向，从而达致维护社会秩序的目标。因为在自由秩序之下，权利和义务基本是人们自行安排的，社会公共利益在个人利益与公共利益相一致的假设中被人们忽视。因此，国家干预思想在法律领域的表现，就是在原有《民商法》的基础上出现了大量限制个人或个体权利的法律规范，以保护社会公共利益，维护社会经济秩序。正是由于这些法律的出现，才改变了原有的自然秩序状态，使人为秩序与自然秩序紧密结合在一起，使人类社会的秩序恢复到历史的最佳。①

经济发展不能没有国家干预。国家干预经济是一种手段，市场经济具有很强的法治经济性，所有的经济活动均须依法进行。我国目前实行的是市场经济体制，是电子商务产业正处于蓬勃发展的上升期，因此，国家干预调节是十分必要的。本章将着重概述浙江省电子商务产业的国家干预情况。

---

①　薛克鹏：《国家干预的法律分析》，《法学家》2005年第2期，第87页。

第二节　浙江省电子商务国家干预的成效

电子商务是一种商务形式的革命，也是一种新型的商务活动，它的出现对传统产业市场造成了巨大的冲击。电子商务以前所未有的速度渗透到经济活动的全过程中，它提高了经济运行效率，成为深化经济社会体制改革的重要推动力。在电子商务发展方面，浙江省无疑是敢于“吃螃蟹”的第一类。电子商务也已经成为浙江经济的一个标签，其在电子商务方面起步较早、发展最快、实力最强、产业链也最完整，甚至在某些领域已经处于国际领先水平。电子商务在浙江省内蓬勃发展，除了归功于行业自身的巨大潜力外，国家干预也发挥了相当重要的作用。

一、浙江省地方性立法成效

浙江省是全国电子商务交易平台最集中、实力最强的地区之一，拥有阿里巴巴、旺盛生意宝等国内知名的电子公司。而浙江省政府介入电子商务行业管理相对于其他省份时间较早，应对新的问题以及新情况的经验和能力亦是更加完善和全面。

浙江省政府对于省内电子商务的发展管理可谓不遗余力。2000 年，浙江省经贸委成立不久就开始关注电子商务，并以商务为核心积极推进电子商务的发展。2002 年，浙江省经贸委出台电子商务建设意见，大力推动商贸流通领域电子商务试点。2006 年 4 月，浙江省颁布了电子商务领域的第一个政策性文件，即《浙江省人民政府办公厅关于加快电子商务发展的意见》（浙政办发〔2006〕58 号）。浙江省政府在这份文件中明确指出，要加大对电子商务的指导力度，营造良好的政策环境；加强调查研究，摸清电子商务发展现状；突出重点，多层次推进电子商务发展。面对网店的增多以及传统出口企业参与网络平台销售的需求，2011 年浙江省商务厅出台了关于继续做好“浙江省外贸出口企业网上展示式样寄送电子商务应用促销工程”的通知（浙商务综发〔2011〕14 号），将电子商务应用与出口产业的传统优势相结合，帮助省内企业深度开拓日本市场。通知颁布后，湖州等部分有条件的地区还出台了相应的配套政策，对企业实际支付费用给予了一定比例的资金资助。2013 年，浙江省人民政府印发了关于《浙江省电子商务开拓市场实施方案》，随后浙江省商务厅、财政厅也发布了关于开展电子商务拓市场工作的通知（浙商务联发〔2013〕114 号），以期进一步推动省内企业利用电子商务开拓国内市场，扩大浙货销售，优化流通环节，提高流通效率，全面提升浙货市场的占有率和竞争力。随后，在海外代购悄然兴起之际，为认真贯彻落实《国务院办公厅转发商务部等部门关于实施支持跨境电子商务零售出口有关政策意见的通知》（国办发〔2013〕89 号）等文件精神，2014 年浙江省人民政府办公厅发布了《关于印发〈浙江省跨境电子商务实施方案的通知〉》（浙政办发〔2014〕59 号），监管和完善跨境电商行业。2015 年 6 月，浙江省人民政府出台了《关于印发〈中国（杭州）跨境电子商务综合试验区实施方案〉的通知》，顺应全球化发展趋势、加快政府职能转变、构建开放型经济新体制的重大举措，是通过制度创新、管理创新、服务创新实现跨境电子商务自由化、便利化、规范化发展的综合改革试验。

浙江省政府颁布的地方性法规不仅具有介入早的特点，还具有系统性强、全面性的特点。2011 年 3 月，为进一步加强对全省电子商务工作的组织领导，省政府发布了《关于成立浙江省电子商务工作领导小组的通知》（浙政办发〔2011〕23 号），这足以看出浙江省政府对于电子商务发展的重视。同年 6 月，《浙江省电子商务产业“十二五”发展规划》对外颁布实施，明确将电子商务列入战略性新兴产业，提出建设“国际电子商务中心”的宏伟目标；2012 年，浙江省人民政府《关于进一步加快电子商务发展的若干意见》（浙政发〔2012〕24 号）正式出台，进一步明确浙江电子商务产业扶持政策；2013 年，浙江省人民政府出台《关于深入实施“电商换市”加快建设国际电子商务中心的实施意见》（浙政办〔2013〕117 号），提出“1＋10”政策体系构建，从市场开拓、产业基地、人才培训、统计监测、示范创建、金融配套、溯源体系等方面加快形成浙江电子商务产业政府扶持环境。通过机构建设、政策规划、试点工程等，为浙江电子商务发展创造良好的生态环境。2015 年 3 月，浙江省人力资源和社会保障厅出台了《关于促进农村电子商务创业就业的通知》(浙人社发〔2015〕33 号)，推动农村电子商务创业就业，改善城乡居民生活。

除此之外，杭州市和宁波市作为浙江省电商最为发达的两个城市，市政府亦是颁布了很多决策性法规政策，对于推动电子商务产业的发展起到了很大的作用。2003 年，宁波市政府就发布了《关于进一步加快宁波市电子商务发展的意见》(甬政发〔2003〕90 号)，2005 年杭州市人民政府办公厅也转发了市贸易局等部门《关于促进杭州市电子商务发展若干意见的通知》(杭政办函〔2005〕342 号)，以期参与和规划电子商务在市内的发展。不仅如此，杭州市还着重加强对跨境贸易电子商务的管理。2012 年底，杭州市人民政府办公厅就成立了杭州市跨境贸易电子商务服务试点工作领导小组；2013 年初，杭州市人民政府亦是出台了《杭州市跨境贸易电子商务服务试点实施方案》；2015 年间，杭州市政府又发布了三项关于跨境电子商务的通知。相比而言，宁波市政府的政策承袭则更加全面，涉及电商示范基地、跨境贸易和基金扶持等等。另外，浙江省其他地市如台州市、温州市等地政府部门同样为了大力扶植本地电商产业，出台了不少有价值的相关政策。

二、浙江省行政执法成效

行政执法，就是指行政机关和法律、法规授权的组织在行政管理活动中行使行政职权，依照法定职权和法定程序，将法律、法规和规章直接应用于个人或组织，使国家行政管理职能得以实现的活动。它是贯彻执行国家意志的有效手段和实施、使用法律规范的一种基本方式。早在 2013 年，浙江省商务厅就修订下发了《行政执法责任制实施方案》，在该方案中即增加了电子商务处，专门处理省内涉及电商的行政问题。浙江省作为电商产业大省，其政府干预不仅需要地方性立法以及公正严明的司法系统，更需要严格的行政执法。只有行政执法才能将法律规章落到实处。在此方面，浙江省做出了有目共睹的成绩。

（一）浙江省电子商务专利行政执法

众所周知，网上购物专利维权困难一直是目前国内普遍出现的问题，而浙江省却有了较好的解决方案。对于浙江省来说，电子商务已然成为其经济发展新的增长点，随之而来的知识产权保护需求也日益提高。因此，探索电子商务领域的专利行政执法工作是重中之重，也是一种必然的选择。历经两年多的探索和实践，浙江省形成了一些独具特色的做法和经验。

首先，实现电子商务领域专利行政执法形式上的突破。在处理电子商务专利侵权假冒案件时，浙江省知识产权局打破常规将全省的专利行政执法队伍统一调配，人员仍然不足时，就把各地知识产权维权援助中心的专业工作人员集中在一起工作。根据电子商务企业的需求，组织这些专业人员深入企业，现场提供专业咨询，现场处理侵权纠纷，现场做出处罚决定。2014 年，浙江省知识产权局通过专利行政执法调处的全省电子商务领域专利侵权纠纷案件 2518 起，关闭或断开网店及商品链接 464 个，案件数量在国内位居前列，也最大限度地保护了权利人的合法权益。

其次，构建电子商务领域专利行政执法工作的长效机制。浙江省知识产权局按照“快速调处成效显著，但面临电子商务数量迅速增长，侵权假冒形势日益复杂的局面，必须有一种长效机制，才能从根本上解决问题”为导向，将与重点企业、重点领域的合作作为构建长效机制的途径之一。2014 年 12 月，浙江省知识产权局再次与阿里巴巴（中国）有限公司签署了知识产权保护合作备忘录，双方将共同加强电子商务环境下的专利行政保护立法研究和实践，探索建立专利侵权纠纷投诉处理新机制并协同开展专利行政执法专项行动，以此扎实推进电子商务领域知识产权保护长效机制建设。

最后，统一电商领域行政执法标准。要执法，就要有统一的标准、规范的程序，而这一切，无先例可循。而真理由实践中取得，有调查才有发言权。自 2012 年起，浙江省知识产权局专利执法处走访了杭州市、温州市、宁波市、嘉兴市等电子商务企业集中的地区，听取了数十家企业和众多权利人的呼声，组织了多场专家研讨会，最终数易其稿，终于在 2014 年率先在全国出台了《浙江省电子商务领域专利保护指导意见(试行)》和《浙江省电子商务领域专利保护专项行动实施方案》，为规范电子商务领域专利行政执法工作提供了样本。

2015 年 1 月，在全国知识产权局局长会议上，浙江省知识产权局的电子商务专利行政执法工作取得的成绩得到了国家知识产权局的肯定，这同时也是对浙江省政府在电商领域行政执法工作的肯定。

(二)杭州市检验检疫局创新跨境电子商务监管模式

近年来，电商行业飞速发展，跨境电子商务正以年均 30%以上的增长速度在全球范围内异军突起。电商发展一直处于全国领先地位，杭州市于 2012 年 8 月成为全国首批 5 个跨境电子商务示范城市之一。2015 年 1 月，国务院副总理汪洋考察杭州市跨境贸易电子商务产业园，对关检联合办公、共享信息平台和查验平台，采取"一次申报、一次查验、一次放行"通关模式表示赞赏，对浙江检验检疫局创新监管和风险控制机制给予肯定，又成为全国其他省份学习借鉴的浙江经验之一。

第一，加强风险监控。杭州市检验检疫局针对跨境电子商务的特点，在前期企业和产品备案、电商提供合格检测报告、产品自我声明等前提下，把风险监控作为重要质量安全卫生控制手段。2014 年 12 月底，该局抽样检测"网购保税模式"的 107 批敏感产品，包括对 15 批婴幼儿乳粉实施全项目检测，对 5 批婴幼儿乳粉实施标签符合性检测，对其他食品、保健食品和化妆品实施有毒有害物质检测。其中，有毒有害物质均未检出。2014 年 12 月，质检总局、浙江省局相继批复杭州市检验检疫局筹建“中国(杭州)进出口商品质量安全风险监测中心”,该中心主要承担跨境电子商务商品质量安全风险监测和政策法规研究,依托于跨境电商园区,建立集业务管理、质量监控和风险监测为一体的监管系统,并引导更多跨境电商进入园区,做大做强。

第二,强化电商合作。针对自营平台和第三方平台的不同特点,杭州市研究面向电商平台企业开展工作的方式和内容,探索如何推动平台企业建立质量安全的管理体系,要求电商企业定期提供产品质量分析报告,配合处理网上抽查产品质量问题,努力改变检验检疫部门和电商企业信息不对等状况。同时,浙江省在构建跨境电子商务检验检疫监管体系过程中,十分注重监管制度的适用性、有效性和科学性。在制定过程中,其结合跨境电商特点,邀请政府部门、电子口岸公司、电商企业等单位,一条一条地进行商议和确定,融入了创新理念和风险控制理念。

第三,创新监管模式。进境跨境电子商务涉及的产品以食品、化妆品、保健品等为主,风险相对较高。此外,电子商务对时效性要求也较高,况且我国目前尚未制定相应检验监管政策。针对进出口跨境电商通关的不同要求,杭州市检验检疫局对出境电商贸易实施“前期备案、提前监管、后期跟踪、质量监控”的监管模式,秉承“先出后报、集中办理、提前介入、检疫为主”的监管原则,并与海关合作实施“一次申报、一次查验、一次放行”通关模式。该模式下,出口跨境电商企业备案取得资质后,可在园区大批量备货,国外订单直接从园区发货,随报随走;企业每月集中办理一次报检手续,极大简化了企业通关流程、缩短了通关时间。

浙江省以上两例行政执法工作在社会上得到了普遍的认可,引起了很大的反响,并且分别在中华人民共和国国家知识产权局和国家质量监督检验检疫总局的门户网站中做了相当大篇幅的报道。除此之外,浙江省其他地方性行政执法工作亦是卓有成效,从一定程度上保障了地方性立法工作的有效施行。

三、浙江省司法保护成效

司法方面是国家干预社会关系的又一体现。没有国家就没有完备的司法机构以及健全的司法体制。电子商务产业在发展成长中，难免会出现社会关系纠纷，这就需要司法机关介入协调。浙江省是全国电子商务交易平台最集中、实力最强的地区之一，拥有阿里巴巴、淘宝、天猫、支付宝、中国化工网等国内知名的电子商务平台。也因此，电商纠纷在浙江省的发生频率也是相当高的。据统计，2010 年以来浙江省涉及电子商务的新类型消费方式纠纷案件明显增多，且集中发生在该领域领军者阿里巴巴集团所属的淘宝、天猫等网络交易服务平台。2010 年，诉阿里巴巴集团公司的案件还只是零星出现，其后 3 年也均在 100 件以下，2014 年猛增至 190 件，2015 年仅前两个月就已受案 110 件。针对迅猛发展的网络消费形式，浙江省法院计划今年开建网络法庭，试点开展非面对面的线上司法活动。以网络法庭平台为依托，把诉讼的每一个环节都搬到网络，起诉、立案、举证、开庭、裁判均在线上完成，全流程电子数据记录。根据浙江省高院民一庭副庭长俞少春介绍，初期试点着重为电子商务领域发生的纠纷，消费者因网络购物引发的消费纠纷，只要点点鼠标，看看视频，足不出户即可进行诉讼维权，开启消费者权益司法保障的 2.0 时代。

下面就浙江省关于电子商务的司法协调情况，以两个案例作为实例进行说明介绍。

（一）宁波市和高磁电技术有限公司诉谷歌公司等服务合同纠纷案

2009 年 4 月，原告宁波市和高磁电技术有限公司以谷歌公司和谷歌爱尔兰有限公司为被告向浙江省宁波市中级人民法院提起诉讼，称其公司于 2005 年 3 月至 2008 年 9 月期间，曾多次通过网络方式使用两被告提供的 Google Adwords 关键词广告服务，因被告存在点击欺诈，致使原告为虚假点击支付了不合理费用，要求两被告退还广告费用 57 520.23 元。而两被告在提交答辩状期间提出管辖异议，认为根据谷歌公司 Google Adwords 服务在线发布的广告计划条款，谷歌公司并非服务合同的签约方，在线合同已经明确了争议解决办法为仲裁，法院并没有管辖权。谷歌公司和谷歌爱尔兰有限公司提供了北京市方圆公证处出具的(2010)京方圆内经证字第 04115 号、第 04116 号两份公证书，其中第 04115 号公证书的内容是，在公证机关电脑的公网上调取的谷歌服务器中保存的不同时期不同版本的在线广告计划条款文本，拟证明在各种版本的广告计划条款中，均约定了法律适用和管辖，但都未约定中国法院管辖。第 04116 号公证书的内容是，谷歌公司的工作人员在中国北京的谷歌大楼进入谷歌服务器，调取服务器中保存的原告广告账户的操作记录，拟证明原告接受并使用了在线广告计划条款，该条款对原告具有约束力。原告则认为，凡是诉讼与我国法院所在地存在一定实际联系的，我国法院都有管辖权，本案原告所在地、合同履行地都与宁波市有一定实际联系，宁波市中院具有管辖权。

浙江省宁波市中级人民法院经审理认为，使用 Google Adwords 关键词广告服务的过程是第三方在谷歌 Google Adwords 关键词服务中输入相应的关键词以后，即搜索到和这个关键词有关网页的缩略信息，这些数据都存储于谷歌公司的服务器中，当第三方点击后，链接到关键词对应的网页，谷歌公司则按点击流量进行收费。在此过程中，先后要连接谷歌公司的服务器和原告方的公司网页。如按原告认为的合同履行地论，则谷歌公司服务器和原告电脑终端所在地都在此列。谷歌公司关于使用 Google Adwords 关键词广告服务本身并不需要客户端软件，任何计算机接入互联网都能够了解广告服务情况的意见与实际相符。原告所谓的电脑终端设备所在地与合同履行地并没有必然的联系。

而对于两被告提供的第 04115 号公证书的公证地点在公证机关办公室，使用公证机关的连接互联网的电脑，搜索到不同时期不同版本的谷歌公司广告计划条款。公证的地点和方式符合客观性要求。就广告计划条款本身而言，谷歌公司关键词广告服务面对的是不特定的客户，并非针对原告一家，在公网上随时可以检索到谷歌公司不同时期的不同版本，谷歌公司修改广告计划条款的可能性可以排除。所以，第 04115 号公证书中搜索到的不同版本的计划条款的客观性应当认定。原告开始接受谷歌关键词广告服务的时间始于 2005 年 3 月，此时全球电子商务服务已经非常成熟，商家推出的电子合同都以格式合同形式，由客户点击确认后完成合同的签订程序。如客户对商家的格式合同不予确认，则无法进行后续的电子商务服务，第 04116 号公证书中关于原告对不同版本计划条款的确认也印证了这点。所以应当认定原、被告签订过电子广告服务合同。根据原告诉称使用电子广告服务的时间，与之对应的电子服务合同有三个版本，均载明服务主体是谷歌爱尔兰有限公司，协议适用美国加利福尼亚州法律，争议解决方式为仲裁。尽管仲裁机构不同，但都排除了司法管辖。如果原告也点击确认与其使用服务时间较为接近的 2008 年版本的计划条款，则应当列该版本中的服务主体上海构寻广告有限公司为被告，将争议提交中国国际经济贸易仲裁委员会北京分会仲裁，同样也排除了司法管辖。法院认为，法院对本案没有管辖权。谷歌公司和谷歌爱尔兰有限公司提出的管辖异议成立。依照民事诉讼法第三十八条、第一百四十条第一款第（二）项、仲裁法第二十六条的规定，于 2011 年 11 月裁定驳回原告起诉。原告不服裁定，提起上诉。2012 年 3 月，浙江省高级人民法院裁定：驳回上诉，维持原裁定。

浙江省宁波市中级人民法院和省高级人民法院正是针对电子商务服务合同管辖条款进行相应的审判。其裁判要旨正是电了数据作为一种独立的证据，其认证规则有别于传统证据。谷歌公司提供的管辖条款属于电子设备存储的电子数据，尽管来自于其服务器，如果该条款面向不特定相对人普遍适用，并且取证程序符合客观性要求，该管辖条款应当予以认定[①]。

（二）慈溪市东丰合纤有限公司诉余姚市中原进出口有限公司买卖合同纠纷案

2010 年 11 月 8 日，原告慈溪市东丰合纤有限公司通过浙江塑料城网上交易市场与被告余姚市中原进出口有限公司签订了中塑现货电子购销合同 1 份，约定原告向被告购买中沙（天津）石化有限公司生产的型号为 HP550J 的 PP 塑料原料 39 吨，价每吨11 500元，合计货款 448 500 元，交货地点为天津，原告付款日期为 2010年 11 月 9 日，验货截止日为 2010 年 11 月 10 日，验票截止日为2010 年 11 月 15 日。合同签订后，原告即将货款 448 500 元汇入浙江塑料城网上交易中心，原告汇款后的次日，被告声称货已在途中要求原告在网上确认验货及验票手续，原告在网上确认验货及验票后，浙江塑料城网上交易市场已将上述款项汇给了被告，但被告至今未将货物交付给原告。而被告余姚市中原进出口有限公司称：合同签订后，被告已依约向原告交付了货物，原告在浙江塑料城网上交易市场已确认了验货及验票手续。

余姚市人民法院经审理认为，原告在浙江塑料城网上交易市场确认验货验票行为只能对浙江塑料城网上交易市场对冻结的款项汇入被告的账户具有约束力，但不能证明被告实际交货的事实，原告所提异议理由成立。原、被告之间买卖合同关系合法有效，原、被告应依约全面履行合同义务。因被告未能向原告交付货物，现原告的诉讼请求，理由正当，应当予以支持。并且根据此项判决，被告余姚市中原进出口有限公司在本判决发生法律效力后十日内向原告慈溪市东丰合纤有限公司交付中沙（天津）石化有限公司生产的型号为 HP550J 的 PP 塑料原料 39 吨，并从 2010 年 11 月11 日起到判决确定履行之日止，对货款 448 500 元按银行同期贷款利率赔偿经济损失。如果未按本判决指定的期间履行给付金钱

---

① 参见浙江省高级人民法院〔2012〕浙辖终字第 21 号裁定书。

义务，应当依照《中华人民共和国民事诉讼法》第二百二十九条的规定，加倍支付迟延履行期间的债务利息。

显而易见，这是一例电子商务合同中虚拟交付与实际交付冲突的问题。浙江省余姚市人民法院正是根据现有电子商务相关知识，认为在电子商务合同履行中，当虚拟交付和实际交付冲突之时，不能仅以网上电子确认收货作为合同履行的依据，应综合考量案件中各种证据的证明力，认定实际的交付状态，并以实际交付状态为标准来判断合同的履行状态①。

对于以上两个案例，因为介入了网络与电商等因素，在判决之初就在社会一定范围内引起了较大的反响，成为浙江省审理相关电商案件的司法经验。2015 年 5 月，浙江省法院电子商务网上法庭第一案在杭州市余杭区人民法院开庭，“浙江法院互联网＋审判”电子商务网上法庭正式启动，起诉、开庭、送达等民事诉讼程序均能在线操作，这标志着浙江省在电子商务审判方面迈出了新的一步。

浙江省电子商务一直处于全国领先的行业地位，不仅归功于其充分发挥市场机制，还离不开卓有成效的政府干预。毋庸置疑，浙江省政府在推动电子商务行业发展和管理方面具有高瞻远瞩的战略眼光和与时俱进的战略决策，值得学习借鉴。但是同时，浙江省在电子商务发展过程中亦是存在瑕疵。

第三节　浙江省电子商务国家干预面临的困难及其应对

一、浙江省电子商务国家干预面临的困难

诚然浙江省电商产业较国内其他省份发达，但是其仍处于不

① 参见浙江省余姚市人民法院〔2011〕甬余商初字第 260 号判决书。

断的成长和探索中，国家干预虽然在其中起到了很好的调节作用，却难免会存在问题和不足。

第一，政府行政监管职能发挥具有局限性。相对于电子商务产业，物流、电子支付、安全认证等属于电子相关配套产业，虽然其发展迅速，但是仍然跟不上电子商务的发展速度。物流配送的服务质量急需提升；支付体系在网络零售领域尚未成熟，每一中间环节都涉及网络安全与信息保护。近年来，泄露用户信息的案件仍然时有发生，从侧面反映了政府在对电子商务行政监管方面的不足。

第二，电子商务法规建设相对滞后，相关促进措施亟待加强。尽管浙江省自电商平台发展时，就已经陆续地出台了一系列的地方性法规，但是在互联网条件下，商业模式和经营方式仍然在不断地创新和变化中，许多经济活动难以使用现有法规进行规范。另外，网络平台本身就具有隐匿性的特点，其相关的网络违规行为亦具有迷惑性和隐蔽性，现有的地方性法规已经不能满足治理需要，有必要继续加快电子商务法规体系建设。

二、浙江省电子商务国家干预的未来发展

国家干预原本就有其自身的局限性，更何况是面对变化迅速，发展飞快的电商产业。因为电商产业有别于传统贸易的特点，国家干预更是应当严格遵循相应的原则进行管理，如此才能有效地促进电子商务产业健康、可持续的发展。

（一）对电商产业有限干预原则

对于国家干预来说，政府的主动干预只能在电商公共利益领域中发挥作用，只能是对出现失灵的电商产业领域进行干预，只能限定于纠补那些“能够”纠补的市场失灵，只能是“有限”和“适度”的干预。国家干预应当促进和保护电商市场机制作用的发挥，并且必须尊重客观经济规律，依法进行。实现市场效率和国家理性的合理界分，从而达到一种介于市场机制和国家干预之间的动态

界线，科学而准确地规定国家干预的范围和程序，做到“有所为，有所不为”。凡是能够交由电商市场和社会办理的事情，政府都应当主动收缩和退出。

（二）地方性立法兼顾政府最小干预原则

针对电商产业进行地方性立法是国家干预经济的一项重要手段。电子商务是在一个特殊环境下成长起来的特殊产业，有其特殊的发展规律，所以对于电子商务发展应当给予一个宽松的环境。而传统思维和现有法规对电子商务发展尚有诸多限制，电子遗产等问题用传统法律仍无法解决。因此，电子商务法应该是一部“发展法”，要充分考虑网络经济的特殊性，与其他部门法对接。在法律制定过程中，必须保持足够的弹性空间，具有引用机制，政府在其中应当“适当放手”。

（三）注重国家干预的效率原则

国家干预也是一种经济活动，有收益也有成本。这种收益与成本之间的关系可能有以下三种情况：一是成本等于收益，这时，政府干预可有可无，主动干预就是多余的；二是成本小于收益，表明政府干预有效率，是必不可少的，应当予以高度重视；三是成本大于收益，说明政府干预无效率，干预不如不干预，这种情况便属于“政府失灵”，不仅表现为政府行为本身的高投入和低产出，而且最终会造成经济运行和资源配置的低效率或无效率，使社会必须以更高的投入来获取一定的产出。因此，在国家干预进入电商产业的同时，也要引入“效率”观念，而不一定要纠补每一个市场失灵，在考虑是否实施干预活动时，首先要进行“成本—收益”分析，只有主动干预带来的社会收益大于成本，政府才去干预，否则就应当毫不犹豫地放弃，让市场去说了算。

（四）对于电商产业依法行政原则

政府干预是通过具体执行人员来实施的，这些人员的活动不仅会受自利行为的影响，也会受到不同利益集团的影响。在这样的情况下，如果缺乏制度约束，政府及其公务人员就可能会置社会利益于不顾，利用掌握的公共权力寻求自身利益最大化，从而产生创租、寻租和腐败等扰乱市场秩序的现象，导致政府干预无效或低效。电商行业相对于传统商贸业来说，交易情况一直就具有隐蔽性的特点。在国家干预的过程中出现的行政执法腐败的状况将很难追查。因此，在实施干预活动时，必须把政府行为纳入法制轨道，按法律规定的共同规则来对待电商领域的事项，根据主体法定、内容法定与程序法定原则，通过法律形式明确政府职能、规范权责范围、设定干预方式，使政府对电商市场的有限干预在法律的授权范围内和法律规定的框架内实施。

浙江省电商产业发展经验告诉我们，电子商务是一项庞大的系统工程，不仅需要企业自身运作以及市场调节，更需要政府的鼓励、引导、协调和干预。政府通过制订政策法规，从网络基础设施建设、与电子商务相关的技术发展和技术标准、税收、市场准入等方面着手，为电子商务创造良好宽松的经营环境，引导企业和公众积极参与电子商务。而对于电商行业的纠纷也及时协调审理，并且不断探索高效、创新以及符合电商特点的行政执法机制。

第三章 浙江电子商务行业自律的探索

浙江省是全国最早提出大力发展电子商务产业的省份，正在成为全球最发达的电子商务区域之一。目前，浙江省“大电子商务”产业链逐渐成形，已成为浙江省经济的重要增长点，是打造浙江省经济升级版的重要助推力量。电子商务作为网络化的新兴经济活动，已成为当今世界发展最快、创新最活跃、带动性最强、渗透性最广的战略性新兴产业。为保障电子商务行业的健康高速发展，一方面需要国家干预予以政策上的鼓励支持，另一方面就是加强电子商务服务企业的行业自律。

第一节 行业自律概述

一、行业自律的含义

自律是指不需要法律强制实施的，由个人或者团体在自愿基础上，根据一定的道德标准、行为守则、社会习俗、公众意愿进行活动的行为。相对于法律、行政、技术等刚性手段，自律作为一种软性管理方式，在行业治理中也发挥着重要的作用。党的十八大报告提出要“加快形成政社分开、权责明确、依法自治的现代社会组织体制。”2013 年 3 月，《国务院机构改革和职能转变方案》任务分工中明确：“逐步推进行业协会商会与行政机关脱钩，强化行业自律，使行业协会商会真正成为提供服务、反映诉求、规范行为的主体。”而行业自律是建立在行业协会的基础之上的，如果一个行业没有一个行之有效的行业协会的话，行业自律也就无从谈起。行业自律是市场经济体制的必然产物。每个行业只有认真地做好了行业自律的工作，本行业才能得以在竞争激烈的市场中生存下去，也才能有一个健康有序的市场。行业自律越来越成为市场经济下行业协会最基本的、也是最重要的功能，政府对市场的调整不可能是万能的，通常情况下，当政府不干预微观经济领域时，市场竞争的有序性就依靠法律法规和行业规章等社会自治组织的自律机制来实现。自律能够避免企业之间无谓的纷争和冲突，形成公平、有序的市场竞争环境，既维护企业的根本利益，又推动整个行业的良性发展，进而形成整个市场经济的公平竞争氛围。

行业自律，就是指通过行业协会组织企业制订并执行行规行约，规范行业行为，遵守市场规则，推动行业的健康发展。它主要包括五个方面的内容 L 一是严格执行相关的法律法规；二是制定和认真执行行规行约；三是向客户提供优质和规范的服务；四是行业自律也是维护本行业和企业的利益，避免恶性竞争，维护本行业的持续健康发展；五是行业协会必定是行业自律的监督机构之一。行业进行自律，通常都会制定一系列的行业标准，而这些行业标准的贯彻与实施，不仅可以直接规范企业的日常经营活动，也可以间接保护消费者的合法权益，这样既维护了整个行业的利益，又引导了行业企业的优化与发展。

二、行业自律的特征

（一）一般由行业协会组织实施

行业协会的自律行为多种多样，如果从形式上加以考察，可以认为存在两种基本的外在表现形式：一是以行业协会的名义，通过行业规则、行业标准、决议、决定等方式实施的自律行为；二是通过行业协会发起、组织、协调，在成员之间达成一致，并由成员自觉遵守的自律行为，无论这种意思上的一致是公开的还是隐蔽的。从表面上来看，第二种自律行为并不会以行业协会的名义实施，但是行业协会在组织和协调会员达成一致方面起着重要的作用，而成为自律行为的主体之一，因此也可以归入行业协会自律行为的范畴。

（二）以维护全体成员的共同利益为最终目的

行业自律行为，表面上是对本行业中经营者的市场行为和本行业的市场结构进行规制，是一种自我约束和限制，但是其最终目的，是维护本协会全体成员的共同利益和本行业的整体利益。这种整体利益不仅仅包括直接的经济利益，也包括了本行业的整体形象和信誉、竞争实力、创新能力等。正是因为自律行为以本行业的共同利益为最终目的，才能在彼此之间存在竞争关系、个体利益相冲突的成员之间推行实施，才能使得成员自觉遵守。

（三）建立在法律上的空白之处

国家干预市场的主要方式是立法干预，通过制定法律，对市场主体的行为模式加以规定和限制。但是在自由市场经济中，经营者享有的经营自主权决定了商业行为是变化多端的，而且往往是超前于法律和政策的规定的。对于法律和政策尚未规范或者无法规范、不愿规范的领域，以及虽然已经加以规范但是需要对行为准则进一步细化的场合，行业自律行为便能发挥作用。行业自律行为，是在法律框架的缝隙中建立起来的行为规范和市场规则，单纯对法律规定的重申与强调，绝对不是行业自律行为。

第二节　电子商务治理中的行业自律

一、电子商务治理重视行业自律的原因

互联网科学技术的发展，使新的交易方式得以产生，即电子商务。而由于互联网行业和商事交易行业原有的自律特性，使得电子商务行业也就同样有了实行自律的基础。从事电子商务活动必须要接受其他一系列技术标准和要求的约束，比如电子签名必须符合约定俗成的安全性要求，否则便无法获得交易对方的承认和接受。然而，法律对电子签名安全性标准的规定无非只是对

电子签名安全性实践标准的简单确认，用户在利用他人的交易平台和支付平台进行在线交易和在线支付结算时，除了遵守相关法律法规外，还必须受有关的用户协议或公约、规章等类似文件的约束，所有的这些都是电子商务领域自律的表现形式。

对于电子商务发展过程中所产生的一些新出现的、特殊的问题，用法律的手段加以规制是十分必要的，因为只有这样才能建立起人们对电子商务技术手段的信任，保证电子商务行业的健康发展。例如电子商务所引起的对传统要约和承诺的合同法概念与理论的改变、电子合同发生纠纷后的举证问题、信息和网络社会中电子商务的交易安全问题、虚拟财产保护的问题等等都需要认真地去对待和研究，而不能照搬传统的模式。近些年来，以《电子签名法》为标杆的各项法律法规以及政策性文件的出台都是为了适应电子商务、电子政务的发展需求，保障电子商务交易的安全而制定颁布的，是对互联网信息技术发展带来的法律真空的及时填补，是对原有法律法规体系与互联网信息技术不匹配地方进行的及时修改。但是，立法肯定只是对电子商务行业进行规制的一个方面，电子商务行业要想持续发展，在很大程度上更要依赖行业自律，依赖业界内自己发展并遵守规则。因为电子商务技术自身也处于不断的发展和更新之中，各种电子商务模式也还有较大的发展空间，这需要业界内部不断地探索和发展规则加以规范。当然电子商务行业的自律也必须在法治的框架下实现，并且，包括道德、法律、技术在内的整个社会规范体系中，法律作为社会最高规范的地位是不可动摇的，法治国家首先就要体现法律的统治，而技术作为规范必须受法律的限制。否则，法治国家就要让位于技术统治国家了，这在可以预见的将来显然也是不可能也不应该发生的事情。具体来说，进行行业自律有以下作用。

（一）更高的效率

行业协会比政府有关部门更熟悉市场，更了解本行业企业的技术、资金、人员等情况，能够对市场动向做出快速反应。特别是会员中集中了一大批同行业的技术专家，因此具备制定行业规范、技术标准、示范合同文本、企业执行标准等优势，而国家标准管理部门则可以通过授权或委托的方式，赋予行业协会制定、修订国家标准的权利，或者将这些行业协会制定的标准采用为国家标准，以满足不断变化的市场需要。

（二）自律比政府规制具有更大的灵活性

由于自律相对更为灵活，因此对创新的抑制较少，消费者也可以拥有更多的消费选择，对于变化的环境而言，行业协会修改规则是较为容易的，而政府机构修改规则却是一件很困难的事情，政府机构不仅必须按照法律程序办事，而且它常常很难获取政策支持和共识来执行，而行业机构则能够较好地决定什么时候应该改变规则来促进企业有效地遵守规则，并且对于特定的产业而言，自律比政府规制更加适合，尽管在过去控制加命令式的规制能够在近似垄断的市场中起到很好的作用，但是在不同形式的市场失灵问题面前则表现得不尽如人意。

（三）自律提供了更大的服从激励

通过面向整个行业市场动态的了解和企业情况的调查，行业协会可以掌握在行业竞争中存在的普遍问题。通过行业的共同行业协会在行业自律管理中的作用利益的选择性激励，行业协会可以引导会员企业制定一些具有行业公约性质的行规、行约，如行业技术标准、产品质量标准和统一出口价格标准等，作为会员企业共同遵守的规章与由部分企业组成的价格联盟、技术联盟不同，这些行规、行约代表着大多数会员企业的意见和利益，因而在行业内具有普遍约束力，能有效地协调同行企业间的竞争秩序，能使会员企业步调一致，按行业经济发展要求，自觉控制无序竞争、过度竞争，避免价格战、违规经营等恶性竞争局面的出现。

（四）规制成本降低

由于行业自律把开发和实施规则的成本转给了行业协会，其规制成本相对较低，当然政府也会参与监督，但是监督所需要的资源比政府直接规制要少很多。

二、电子商务行业自律的方式

行业一般会通过两种方式进行自律，第一种我们可以称它为管理性自律，目的在于构建行业的规章制度，主要动机在于便利或者促进交易的达成，具体方式则包括制定行业标准或者最低质量要求、进行质量检查、制定广告规则和道德标准、控制相互交易的金融信贷或者提供相互的管理支持。通过这些活动可以提高整个行业的质量和声誉，也会促进经济增长，但是这些活动也可能会产生遏制竞争的效果，尽管管理性自律的本意是为了促进交易而存在的。第二种方式是保护性自律，它意图创造防御性的交易壁垒来保护产业，防止来自竞争的威胁，具体方式包括达成价格协议、设立进入壁垒、联合抵制、拒绝与非会员交易等等。这些自律的整合方案因国家因地区而异，通常情况下，固定价格被认为是非法的，但是在限制分销系统方面各国政策是有差异的。比如在美国，大多数的保护性自律都被认为是不公平的交易行为，受到法律的限制，而在日本并不是所有的这种行为都被认为是非法的。

三、电子商务行业自律面临的问题

（一）权威性不足，诚信体系审核机制存在缺陷

为了构筑电子商务行业的诚信体系，电子商务协会开展了以下诚信活动：信星计划、诚信网站认证、可信网站身份认证。以上活动在一定程度上存在重复建设，同时获取诚信认证的条件和程序过于简单，审核起不到实质性的作用。活动过程一般都是网上申请、提供相关资料、网上审核、审核通过、获取相关证书或标志。聚美优品 2012 年通过可信网站验证并获得证书，然而在 2014 年 7 月 28 日却被爆出“知假售假”。福州 PTP 平台“得利盈”2014 年通过诚信网站认证，在 2014 年 9 月 4 日被爆“失联”，这给电子商务行业诚信体系敲响了警钟。

（二）缺乏有效的纠纷解决机制和制裁机制

综观全国大大小小的电子商务协会，几乎都没有设立独立的纠纷解决机构，只有少数协会有提供给公众一个投诉建议的方法。但电子商务协会各主体之间发生纠纷是必然的，将这些纠纷在诉前进行化解，有利于构建和谐社会，也符合人民法院“三五”改革纲要中确立的“建立健全多元纠纷解决机制”的改革方向。另外，对违反行业自律的会员缺乏制裁机制。而如果没有明确的制裁，建立自律型的行业治理结构终将沦为机会主义的牺牲品。

（三）自律权力来源不明确

全国各行业协会在自律的过程中制定了大量的自律规范，但这些自律规范在行业协会内的贯彻情况却不尽人意，导致政府希望通过行业协会的自律活动配合政府的市场治理收效甚微。目前我国有关行业协会的法律文件只有《社会团体登记管理条例》，主要对登记程序进行规范。没有法律文件对行业协会的权利和义务、自律权力、自律规范的制定等内容进行规范。行业协会自律权力的来源不明确必然影响其职能发挥。

第三节　浙江省电子商务行业自律的成效

一、浙江省各地市电子商务行业组织概况

随着《浙江省电子商务产业“十二五”发展规划》（浙政发〔2011〕45 号）和 2012 年《电子商务“十二五”发展规划》的出台，浙江省各地的电子商务协会如雨后春笋一样涌现。据统计，2014 年年底，全省各地市（县）建立电子商务行业组织 56 家。其中省级 3 家，杭州市 7 家，宁波市 4 家，温州市 7 家，嘉兴市 8 家，湖州市 5 家，绍兴市 4 家，金华市 3 家，衢州市 2 家，丽水市 4 家，台州市 4 家，舟山市 1 家，义乌市 4 家。行业组织会员单位数平均 200 家左右，会员单位业态主要涵盖电子商务应用领域、电子商务服务企

业、电子商务产业基地以及金融机构等。在地区方面,城乡都有涵盖,特别是农村电子商务发展势头较猛的临安市白牛村,电子商务协会应运而生,服务当地农村开展电子商务的各项需求,如:人才的培育与培训等。

行业协会是行业自律的手段。行业自律是一种重要的自主治理形式,它的实现需要借助于一定的社会组织,即行业协会。行业自律是行业协会的重要职责,行业协会是实现行业自律的手段。而行业协会正是这样一种制度安排:由行业内的成员企业组成的行业协会通过制定行约行规、奖惩措施来规范行业生产,在服务于行业内成员企业的同时,达到行业自律的目的。有鉴于此,为更好地服务电子商务发展,浙商务联发的《浙江省电子商务服务体系建设实施意见(2014)》明确提出:"加强电子商务服务企业行业组织建设,按照整体性和专业化的要求,在省电子商务促进会整体框架下,建立电子商务服务企业行业组织,提高电子商务服务业的自我管理、自我服务、自我监督能力,促进同行合作共赢,倡导诚信经营和规范有序发展。各地可根据实际情况,推动当地电子商务服务行业组织建设,为全省电子商务服务行业发展夯实基础。"

行业协会的自律功能主要表现在:一是自我约束,行业协会通过其组织机制,约定其成员的行为,使之符合法律规定和社会其他方面的合理要求;二是自我规范,行业协会通过制定和实施其自律规则,规范其成员的业务活动,提高效率,规范交易秩序;三是自我管理,行业协会对其组织事务和成员间的公共事务,进行自我管理,提高管理效果,促进组织及其成员的发展;四是自我控制,行业协会通过制定和实施组织内公共政策,规定自治组织及成员的业务发展方向和发展步骤,并将自治组织成员利益与社会整体利益以及相关组织利益合理的协调起来,自觉将自治组织及其成员利益的自我追求限制在社会许可的合理限度内。

行业协会自律功能一方面加强了行业协会的权威,避免了政府的过分介入,另一方面使得自律机制能与他律机制相协调,将行业协会所实现的自律秩序纳入既定的法律秩序中去。

二、阿里巴巴集团的行业指引作用

提到我国电子商务行业，不得不提阿里巴巴，阿里巴巴在带动整个电子商务行业发展的同时，自身也取得了巨大的成功。2013年，在我国B2B电子商务服务商营业收入份额中，阿里巴巴继续排名首位，市场份额为44.5%；B2C网络零售市场上，排名第一的是阿里巴巴旗下的天猫商城，占50.1%的份额；而阿里巴巴在C2C市场所占的份额更大，淘宝占全部市场的96.5%。作为电子商务服务业的翘楚，其一言一行，尤其是关于电子商务方面问题的处理无疑对整个行业都有非常重要的指导意义。阿里巴巴对电子商务行业的指引主要表现为以下几种情形。

第一，商家诚信认证。诚信通是2002年阿里巴巴推出主要服务于电子商务运营的诚信认证标准。在阿里巴巴网上交易平台发布的买卖信息排在普通会员之前。获得权威第三方认证机构核实资质，独享诚信标识。天猫商城中，对入驻商家进行资格审查，确保天猫上所购货物均为正品，以及根据商家在网络上的销售情况和客户的评价对商家的信用指数进行评价（信用度不同分别标有钻石、皇冠等等）。在与其他会员交易过程中，遵守诚实信用原则，不采取不正当竞争行为，不扰乱网上交易的正常秩序，不从事与网上交易无关的行为。

第二，建议性的行业指引。阿里巴巴作为一个企业，就注定了它是市场的一员，这也导致它对市场有着比政府更短的反射弧，往往能够在实践中先行一步，为其他行业成员做出指引。比如，早在消保法之前，阿里巴巴就根据网购的特殊性提出了“七天无理由退换货”规则。这一规则是指卖家使用淘宝提供的技术支持及服务向其买家提供的特别售后服务，允许商家按本规范及淘宝网其他公示规范的规定对其已购特定商品进行退换货。针对这一规则，阿里巴巴也做出了一系列具体的规定，如买家提出7天无理由退换货赔付申请的条件、七天无理由退换货赔付的申请流程、买家的义务及其违规处理等。

第三，纠纷解决机制和制裁机制。阿里巴巴有专门的《买家保障服务争议处理规则》，它规定买卖双方在交易履行过程中产生交易争议，因双方无法自行协商或协商不能达成一致，一方或双方都可申请提交阿里巴巴进行斡旋处理。针对此，阿里巴巴也规定了相应的处理方式、受理范围、受理条件、处理流程等。关于对无良卖家的制裁，阿里巴巴规定了详细的警告规则、扣分及处理规则、关闭账号规则等。

三、浙江省电子商务行业自律的发展展望

行业协会作为一种具有自发性、行业性、非政府性的社会组织，是政府、企业、市场之间联系的纽带和桥梁，它既引导企业走向市场，同时也维护企业权益和社会经济秩序。然而，我国相当多数的行业协会存在先天不足、后天缺位现象。从而使得有些行业协会陷入内外交困的尴尬境地：一方面，来自外部的指责，认为行业协会更像是一个政府机构；另一方面，来自内部的抱怨，行业协会做人咋这么难？政府不给权、企业不给钱、消费者不买账。行业协会之所以没有真正发挥作用，表面原因在于行业协会自身，但我们仔细研究一下就不难发现，其实根本性的、实质性的原因却在于政府。

政府与行业协会的格局似乎应该是，政府与行业协会两者界限分明，各不从属控制，各自有独立的活动空间，从事各自性质的活动。行业协会能力弱，政府的控制和体制上的障碍，以及企业的不信任度等等。两个主体都不同程度地存在着致使行业协会与政府关系不顺的因素。目前我国的行业协会与政府关系不顺，不是单方面造成的，是两者位置错位，两者能力意识等多方面的缺陷导致的。浙江省要想进行有成效的行业自律，首先要做到的就是理顺两者之间的位置关系，政府要脱离与企业的行政关系，让其成为自主经营、自负盈亏的市场主体，并将之推入市场领域的竞争之中，使市场可以适时地产生行业协会，来维护行业利益的需求，这样行业协会的产生和发展也就有了社会土壤和社会合法

性。与此同时，政府也应该从体制上和政策上给行业协会让渡出发展的空间，让行业协会逐渐脱离政府的直接控制，成为企业的代言人。

第四章　浙江省电子商务治理成就之一：司法拍卖

第一节　司法拍卖：从“现实”到“网络”

一、网络司法拍卖的含义

网络司法拍卖至今没有一个明确的概念，只是在各地高院所出台的规定中根据其选择的模式而予以定义。[①] 网络司法拍卖并非单纯指在互联网络进行司法拍卖，这个名词的出现是通过一系列地方实践而产生的，包含了国内乃至国外此类司法拍卖的所有模式，所以至今可能并没有一个详细的概念阐述，难以解释全面。简单来说，网络司法拍卖是在传统司法拍卖中引入互联网及电子竞价所产生的各种模式的总称。

网络司法拍卖始于 2009 年的重庆市所进行的首轮司法拍卖改革，对我国的司法拍卖的现状进行了前所未有的变革，重庆市的做法在得到高院的肯定后，在全国掀起了一股司法拍卖改革浪潮，其中以上海市和浙江省为甚，开辟了不同于重庆的新模式，中央和最高院也对各地方法院的创新司法持肯定的态度，这些创新的新模式统称为网络司法拍卖。

---

① 《网络司法拍卖实施细则(试行)》(浙高法〔2013〕第 140 号)第一条第一款;《江苏省高级人民法院关于实行网络司法拍卖(变卖)的规定》第一条第一款。

二、网络司法拍卖兴起的原因

网络司法拍卖兴起的原因很多，但最大的原因是网络司法拍卖更便于法院执行。“执行难”一直是困扰法院的一个难题，不仅体现在执行财产困难，还包括执行领域易出现腐败。最高人民法院常务副院长沈德咏2012年2月8日在全国法院深化司法拍卖改革工作会议上也曾说，在近年来全国法院查处的违法违纪案件中，近70%集中在民事执行领域，而其中约70%又发生在资产处置特别是司法拍卖环节。在浙江省，司法拍卖环节也一度频频发生违法违纪事件。2005～2010年6年间，全省法院共查处涉及司法拍卖工作的违法违纪案件11件17人，其中受到刑事责任追究的有7人。

纵观司法拍卖历程，1991年《民事诉讼法》中规定“法院自行拍卖”到1998年规定为“委托有关单位拍卖”并没有产生良好的司法效果，反而使得法院与拍卖机构建立起不良利益关系，通过拍卖腐化司法，造成了极其恶劣的影响。在委托拍卖实践中，全国一部分地区的成交率、溢价率都不高，串标、流拍现象严重，债权人的利益受到极大损害。

2012年是网络司法拍卖的迅速发展的一年，2012年修订的《民事诉讼法》第244条规定：“被执行人未按执行通知履行法律文书确定的义务，人民法院有权查封、扣押、冻结、拍卖、变卖被执行人应当履行义务部分的财产。”该条规定无疑再次强调了法院有拍卖的自主权，剔除了人民法院委托拍卖的表述，这一修改也为网络司法拍卖未来的发展指明了方向。

根据新的《民事诉讼法》，各地都对司法拍卖进行了改革，浙江省选择的平台是淘宝网平台。浙江省高院司法鉴定处处长饶文军说：“考虑选择与淘宝网合作，主要基于淘宝网是全球最大的网络零售平台，在公众中有很高的知名度；拥有4亿注册会员，潜在的竞拍人众多；有现成的拍卖平台，在钱款支付、网络安全等技术层面上也有可靠保障，能达到投入少、见效快的目的。”浙江省高院院长齐奇为此事专门与阿里巴巴集团总裁马云进行协商，马云明确表示愿为法院开发司法拍卖公共平台，运行后也不需收取任何费用。

网络司法拍卖这种新型的拍卖模式由于互联网特殊的优越性使得拍卖的效率及成交率都大大提高，而且有效地切断了少数法院工作人员、不良拍卖企业以及竞买人的灰色利益链条。网络司法拍卖归根到底是在传统司法拍卖的基础上演化而来的一种新制度，是传统司法拍卖与互联网结合的产物，可以说，网络司法拍卖的重点就在“网络”两字，与传统司法拍卖的最主要的区分也在于此。

相对于线下的司法拍卖，网络拍卖由于没有地域限制，通过点击鼠标就可以完成竞拍，拍卖的参与率变得非常高，而网络竞拍的无地域性限制为债权人争取到了更多的利益。网络的司法拍卖不仅受众极为广泛，更使得法院利用网络平台真正实现了司法拍卖“零佣金”，而且使得竞拍人更直观的参与司法拍卖，少了拍卖机构的阻隔，法院与竞买人的关系也拉近了，更在无形中提高了法院的司法公信力。

三、网络司法拍卖的结构组成

（一）拍卖当事人

拍卖的当事人是指在拍卖过程中参与到拍卖法律关系中的人。《中华人民共和国拍卖法》第三章所规定的就是拍卖当事人的分类以及各自的权利义务。具体而言，主要有拍卖人、委托人、竞买人、买受人（拍定人）四种当事人。对于传统司法拍卖来说，由于法律赋予了法院执行法律的绝对权威，使得法院处于主导地位，所以委托人为法院，执行债权人与被执行债务人均不能直接委托而成为委托人。至于拍卖人，在许多国家中，无论其是英美法系抑或是大陆法系，拍卖人往往是法院，在船舶司法拍卖中，还存在船舶拍卖委员会，但在传统司法拍卖中，拍卖人却是拍卖公司，而且必须是有拍卖资质的公司，只有符合《拍卖法》中拍卖企业的设立条件的才能参与到传统司法拍卖中来，这也是司法拍卖市场化的结果，原意是希望通过市场的介入来抑制司法腐败，提高司法效率。竞拍人与买受人自不用说，与任意拍卖相一致，只要年满18周岁且有民事行为能力均可参与。变化最大的当属浙江省法院，法院已经完全摆脱了委托拍卖公司进行拍卖的这种形式，而是与网络交易平台提供商淘宝网合作进行，所以在浙江模式的网络司法拍卖中，已无须再区分委托人和拍卖人，因为拍卖活动由法院独立完成。

（二）拍卖媒介与程序

任何拍卖活动都需要通过一定的媒介来进行，无论是商业任意拍卖或是司法拍卖均是如此，任意拍卖根据是否涉及互联网来确定拍卖媒介是拍卖机构的拍卖现场还是互联网，司法拍卖针对拍卖媒介的区分就并非如此简单，而是根据各个模式的不同而予以区分。根据不同的拍卖媒介，程序也不尽相同。对于传统司法拍卖，拍卖媒介与任意拍卖无异，通过拍卖公司提供的拍卖现场进行，在合乎法律规定资格的拍卖师的主导下，经过一轮又一轮的竞价，最终由出价最高者获得拍品。具体程序为：法院委托拍卖机构并确定保留价，拍卖机构发布拍卖公告，竞拍人报名参与拍卖需缴纳一定的保证金，然后确定在某一具体日期进行司法拍卖活动，全场由拍卖师掌控，通过举牌或其他方式，最终由高价者得，最后由拍卖公司与买受人签订成交协议书，取得拍品的所有权。程序方面，上海模式与传统模式基本相同，只是在通过其拍卖媒介也就是上海市拍卖协会设立的拍卖平台进行拍卖时，在网络竞价方面，没有拍卖师的存在，只有操作员根据拍卖师的意思进行网络上的操作。在重庆模式中，拍卖媒介已变为重庆市产权联合交易所（以下简称重交所）提供的互联网平台，浙江模式的拍卖媒介即淘宝网。

第二节　网络司法拍卖的模式探索

一、网络司法拍卖的重庆模式

随着改革浪潮悄然无息地蔓延开来，网络司法拍卖的形式也有着不同的发展轨迹，不同模式的形成并非一蹴而就，而是根据法律法规的变更以及社会形势的要求而出现的。自 1998 年以来，我国进入司法拍卖委托时代，刺激了市场上的一大批拍卖机构的发展，也在一定程度上提升了拍卖成交率，但随之而来的利益纠葛和寻租风险却猝不及防，司法腐败愈演愈烈。如上文所述，“执行系统贪腐案件 70％涉及司法拍卖”①。在这种情况下，伴随最高院对各地司法改革态度的转变，重庆市一马当先，成为司法拍卖改革中“第一个吃螃蟹的人”。重庆市法院通过在以往的拍卖当事人中加入联合产权交易所，把大部分拍卖工作分予联交所，对阻隔法院与拍卖公司的利益关系起了很好的作用，成了各地法院争相学习的典范。2009 年 2 月 23 日重庆市高级人民法院审判委员会第 612 次会议通过了《重庆高院关于司法拍卖工作的规定（试行）》（以下简称《重高规定》），将联合产权交易所纳入司法拍卖当中来，并且在《重高规定》第 5 条确立了“电子竞价方式为主，传统拍卖方式为辅”的拍卖原则，真正把司法拍卖工作带入了电子竞价时代。

重庆市的司法拍卖模式的运作方式主要是：首先，法院的执行部门依照债权人的申请或法律文书决定拍卖，并将相关文件移交司法技术部门，由司法技术部门从高院制定的“拍卖机构花名册”中选择拍卖机构，委托其对涉诉资产进行拍卖；其次，法院在委托拍卖公司后，将委托书副本同时提交联交所，并委托联交所与拍卖公司共同实施拍卖；再次，拍卖机构和产权交易机构依照相关规定

---

①　重庆市高级人民法院课题组：《司法拍卖机制创新研究——重庆法院司法拍卖改革的调研报告》，《人民法院报》2011 年 4 月 7 日第 8 版。

和与法院的约定行使权利和履行义务；最后，产权交易机构利用互联网优势引入电子竞价系统，竞买人通过注册，审核等程序确认身份，依据所拍物品保留价的一定比例交付保证金，即可在规定时限内竞拍，系统倒计时结束的那一刻相当于拍卖师“落槌”，竞拍人既得拍品。重庆模式的电子竞价从初始的局域网竞拍阶段到现在的互联网竞拍，有效解决了“信息集散”问题，成交率和溢价率均有显著提升。

二、网络司法拍卖的上海模式

上海市也在原有的基础上完善了司法拍卖制度，将拍卖平台搬到网络。只不过上海市的司法拍卖改革并非意在打破以往的拍卖格局，故称之为“改良”更为适宜。它的模式是现场与网络同步，在拍卖的时候，由一位电脑操作员根据拍卖师的指示进行网络司法拍卖引导，最终实现竞拍成功，这当然也与上海市本地司法拍卖腐败较少及财产变价率较高有关，没必要去大张旗鼓的改革。2011年由上海市拍卖行业协会牵头，成立了上海市公共资源拍卖中心，建设开通了上海市商务委和工商管理局认定的电子商务示范平台——上海市公共资源拍卖中心现场与互联网同步拍卖平台，即公拍网，把所有的司法拍卖活动都放到该中心、实现现场与网络同步拍卖。此举实现了“拍卖场所、网络平台、公告媒体、政府监督、资金管理‘五统一’，把权利锁进笼子、把恶意串通关在门外，使得各类拍卖在阳光下安全、高效运行”。[①]

它的运作方式还完全依赖于拍卖机构：首先，法院通过电脑配对的方式随机选定拍卖机构并委托其实施拍卖；其次，拍卖机构在受到法院委托后，开始着手实施发布拍卖公告和招商、检验拍品性能、接受询问并组织观看拍品、提供现场拍卖场所和互联网“虚拟场所”等与司法拍卖相关的事务；再次，竞买人通过了解拍品的样

---

① 单颖文：《打造司法拍卖的“上海模式”》，《文汇报》2013年11月27日第12版。

式、性能并根据自身的喜好，可以自由选择现场拍卖和网络拍卖，选择现场拍卖的竞买人提交个人资料并现场缴纳保证金后在会场通过举牌的方式竞价，选择网络拍卖的则提前通过在公拍网络注册账号，填写个人信息并提交电子版身份证复印件以便拍卖公司审查资格，在缴纳一定量保证金后，在规定时限登陆公拍网通过输入定量的价格来竞价拍卖；复次，拍卖现场由拍卖师操控，同时拍卖机构专设操纵员操控网络拍卖。现场中拍卖师根据现场出价和电子竞价屏的竞价信息，在三次喊价并无人应答后，以落槌的方式确认拍卖成交，同时系统操纵师也会在网络上确认拍卖成交，关闭竞价系统；最后，由拍卖机构与拍卖人签订拍卖成交确认书，并将相关拍卖材料送交人民法院，如是不动产，还需辅助拍定人进行产权登记等善后工作。

上海模式的运作方式较传统司法拍卖相比，实现了网络化并优化了拍卖机制，既扩大拍卖资讯覆盖面，又提升拍卖的竞争性。

三、网络司法拍卖的浙江模式

经过深入调研和充分论证，浙江省高院于 2012 年开始启动网络司法拍卖改革试点工作，将改革的目标确定为：落实司法为民要求，实现司法拍卖零佣金；增强司法拍卖透明度，以公开保公正提公信。具体措施是借助淘宝网的网络平台，由法院自行实施司法拍卖，不收取任何拍卖费用；拍品展示、参拍报名、竞价过程直至成交等所有环节，全部在互联网上公开进行，全程最大限度地接受监督。

2012 年 7 月 9 日，宁波市北仑区法院和鄞州区法院分别将一辆宝马 730 轿车和三菱欧蓝德挂在淘宝网拍卖，分别以 33.09 万元与 6.7 万元成交，溢价分别为 65.5％和 34％。[①] 这两个试点的成功拍卖无疑给省高院打了一剂强心针，省高院开始在全省各地法

---

① 宣海林：《网络司法拍卖：争议中的探索》，《中国审判》2012 年第 9 期，第 24 页。

院普及浙江模式的网络司法拍卖，给司法拍卖改革注入了新鲜的血液和强劲的动力。利用“淘宝网”来作为媒介进行司法拍卖，这种拍卖方式也引起了社会各界的激烈讨论。

浙江省在淘宝网司法拍卖这一方式发展迅速，2014 年浙江全省 103 家法院进行淘宝网线上拍卖，完成 10 680 件拍品的拍卖，全省网拍率为 93.97%，成交率为 89.47%，平均溢价 42.11%，比过去传统委托拍卖分别提高 13 个百分点和 20 个百分点。总成交额 224.17 亿元，为当事人省下佣金 5 亿多元。拍品种类五花八门，有车辆、机器设备、工业原材料、废旧物资等动产，也有住宅、厂房、商业用房等不动产，还有土地使用权。

浙江网络司法拍卖改革方案实施以来成效显著，在全国范围内产生了很大影响。2014 年 7 月，最高人民法院院长周强在全国法院执行信息化建设现场会上充分肯定了浙江省的做法。他指出：“从浙江等地法院的做法看，网络拍卖模式有助于实现案件管理系统和拍卖交易平台的对接，提高执行效率，有助于杜绝幕后串通行为，减少司法腐败，有助于降低拍卖成本，满足当事人最大限度实现胜诉权益的需求。”

相对于重庆市和上海市，浙江省高院的做法可谓是司法拍卖的一场“革命”。网络司法拍卖改革最让业界争议不断的、最受广大网民和媒体关注的、最具轰动效应的莫过于浙江模式，其将拥有几亿中国注册用户的淘宝网作为拍卖平台，成为司法拍卖改革中别树一帜的纯互联网司法拍卖模式。浙江省网络司法拍卖始于 2012 年，在之前的几年中，浙江省内执行拍卖系统中的贪腐案件、委托拍卖中围标、串标情况以及佣金过高问题愈演愈烈，作为国内经济强省，创新性改革需走在前方，省高院在多方研究探讨，并在几个月的实践性考察之后，推出了司法拍卖改革的一磅重弹——直接越过拍卖机构，与淘宝网合作进行纯互联网式的司法拍卖。

四、浙江模式的新突破

司法拍卖的浙江模式相对于其他模式来说，在运作流程上完全脱离了拍卖机构。

首先，法院在确定需要通过拍卖方式处置涉诉资产时，由本院自行制作拍卖公告并发布，同时对拍品的外观、性能进行检验，详细列出拍品参数，并制作视频连同公告上传到淘宝网司法拍卖主页。其次，淘宝注册用户可以通过在淘宝网络点击“司法拍卖”页面浏览拍品，在选定符合心意的拍品后，可联系相关法院，由法院统一时间、人数在拍卖前组织观看物品视频。用户最终选定某一拍品并缴纳保证金后，可在规定时限内参加网络竞价，保证金由淘宝网开发的第三方支付平台支付宝暂时冻结。再次，竞拍开始后，竞买人通过自行输入价格和点击预设价码来与他人竞价，在距拍卖结束的最后两分钟内，如果有竞买人出价竞拍，那么系统将会自动延长拍品的竞拍时间至5分钟，直到最后确定拍卖结束。最后，出价成功后，拍定人通过支付宝支付剩余款项，款项将自动转入法院司法拍卖账户。法院在收到支付款后进行拍卖成交确认，确认成交的拍定人可以到法院办理结算交付手续。

在浙江模式下，法院在淘宝网上的司法拍卖有助于推动司法拍卖的透明化，清晰明了竞拍流程，使得拍卖系统流畅运行，让司法拍卖在大众的关注之下变得更加透明、公正。浙江模式下司法拍卖的成功，不仅在于拍卖物品的高价成交，避免了过去可能发生的流拍、价格偏低等不利后果，更在于得到了绝大部分网民以及社会公众的认可与支持。可以看到，浙江模式与前两种模式相比，少了拍卖机构，增加了公开性，法院直接面对竞拍人，纯互联网式的拍卖受众率和溢价率均有所提高。浙江模式体现的是法院的主导作用，也更有助于提高法院的司法权威，增加了参与度，有效形成了良好的竞争环境，突显司法的公开透明。

但也应当看到，原本拍卖机构的任务全部由法院来做，导致法院的工作量急剧增加，法院有限的法官能不能很好地完成如此巨大的工作任务，让我们拭目以待。

第三节 浙江模式下网络司法拍卖中的法律关系

一、法院与网络交易平台提供商的法律关系

传统委托拍卖模式依据相关法律的规定，拍卖机构在司法拍卖中的权利和义务明确，但在网络司法拍卖的三种模式中，法院与网络交易平台提供商的权利义务并未有法律法规规定，需要通过实践中的法院与拍卖机构的行为分别予以确定其法律关系。

针对法院与产权交易机构的法律关系应如何界定，我们认为应从以下几点予以明确。

（一）明确法院的地位

根据法院执行司法拍卖的根本目的和价值目标，法院在整个司法拍卖程序中是公法关系的主体，不涉及民事法律关系，这是司法公信力的基本要求。但是仅对于司法拍卖程序整体而言，浙江模式中加入了使用淘宝网交易平台并代替拍卖机构实施拍卖职责，如果说法院与产权交易机构并无民事法律关系是完全不合理的，正如刘宁元先生所言："法院首先是执行关系的主体，其次才是拍卖关系的委托人，委托人身份既不能改变也不能冲淡执行主体的地位。"[①]因此，法院一方面在整个司法拍卖程序中处于公权力主导者的地位，另一方面在与产权交易机构进行拍卖工作接洽时又不可避免成为民事法律关系一方的主体，两者并非对立关系，我们认为法院的司法公权力主体地位是核心，民事关系主体只具有保证拍卖程序顺利有序进行的补充价值。

（二）明确产权交易机构的地位

我们认为，产权交易机构并非协助执行人，其与法院不属于协

---

① 刘宁元：《论强制拍卖及其规则》，《政治与法律》2004 年第 5 期，第 55 页。

助执行关系。因为：首先，从产权交易机构的设置目的来看，是为了解决现存的执行腐败的问题，而腐败的根源就是法院在委托拍卖中基于权力产生的“寻租空间”，拍卖公司为了自身则利用这一空间得到利益的增长。所以浙江省法院通过一个第三方平台，来对法院的权力及拍卖机构的利益同时予以限制。如果其与法院还属于执行协助关系的话，那就说明法院的权力还是没有分离出去，只是找个第三方协助完成而已，这不符合产权交易机构的设置目的，即法院、拍卖机构、产权交易所利益均衡；其次，实践中，法院在要求其他单位予以协助时，会发送一份协助执行书的文件，但在实践中对产权交易机构却并没有发送此种文件，而是双方通过合意之后达成协议；最后，产权交易机构在司法拍卖中是收取一定的费用的，并非无偿服务，这也不符合协助执行关系的特征，因为协助执行人是具有完成法院规定的特定的义务，是不能基于此进行牟利的。

综上，我们认为，关于法院与产权交易机构之间的关系可以借助公法合同①的原理予以理解，在强制执行类公法中已明确规定的理应适用，如在某些方面未作规定或规定有漏洞时，则应利用两者的私法关系进行补充。

二、法院与淘宝网的法律关系

由于淘宝网仅作为一个平台使用，所以浙江省法院与淘宝网之间的法律关系应理解为司法协助关系为宜。理由如下：

第一，就实践上来说，浙江模式的网络司法拍卖是法院自行拍卖。因为淘宝网的工作范围与前两种司法拍卖模式完全不同。从拍卖标的评估到拍卖公告发布再到最后的成交确认书、裁定书都是由法院来完成，淘宝网仅是提供一个网络平台，不插手司法拍

---

①　公法合同，又称公法契约，一般可以理解为当事人之间设立、变更、终止公法法律关系的协议。参见方昀：《试论公法合同的契约基础——以公法与私法的关系为中心》，《武汉大学学报》2009 年第 2 期，第 87 页。

卖，就类似在现实中拍卖，一家公司为拍卖提供自己所经营的场所一样，仅仅是辅助作用。不能以在淘宝网络进行司法拍卖就是淘宝网作为拍卖主体在组织拍卖为由想当然的认为淘宝网参与到整个司法拍卖程序中，实际上，淘宝网只是协助法院开展司法拍卖活动，整个司法拍卖程序中的工作都由法院完成，淘宝网只做一些协助法院执行的辅助工作。

第二，从法律地位看，淘宝网是单一型的网络交易服务平台提供商。这是依据齐爱民先生对网络交易平台提供商所作分类①得出的结论。因为：单一型平台服务提供商在网络交易中仅仅提供交易平台，不参与其他的交易。淘宝网在司法拍卖中的主要权利义务也只是提供一个网络平台，然后法院在淘宝网络发布各类信息如拍卖公告，淘宝网也仅仅是自动性的回复一些信息，不参与交易的过程。而且，单一型平台服务提供商是免费提供平台的，浙江模式相比其他模式最大的优势就是"零佣金"，对法院和拍定人均不收取任何费用。

综上，淘宝网作为一个网络交易平台，是被动的ISP（网络服务提供商）。淘宝网在整个司法拍卖法律关系中只是协助拍卖工作的完成，所以，其与法院之间的关系用协助执行关系更为合适。或许有人质疑，协助执行是一种辅助公权力机关的行为，是不能收取任何费用的，但淘宝网的第三方支付平台支付宝代为收取保证金作为"沉淀资金"进行投资能获取极高的利益，有学者做出比喻："以2011年829亿元的总司法拍卖成交额来说，淘宝网只需要能够占据10%的交易量，就能获得近83亿元'沉淀资金'的融资"。② 我

---

① 齐爱民教授在其论著中提到，网络交易平台服务提供商进行法律角度分类，分为单一型平台服务提供商、混合型平台服务提供商、居间型平台服务提供商。参见齐爱民：《电子商务法原论》，武汉大学出版社2010年版，第51页。

② 霍玉芬：《网络拍卖的法律制度和技术阻却》，《国际商报》2012年8月28日第3版。

们认为，这完全是没有必要的，淘宝网可能会利用这一部分资金进行融资以获得更高的利润，但这跟淘宝网是否收取费用完全是两个概念，不能混为一谈，打一个不恰当的比喻，如果将向银行存钱理解为银行利用所存金钱发放贷款进行收费，这是完全不可理解的。保证金的管理涉及网络监管的问题，对此，本章会在最后一个部分详述，而对于淘宝网收费的问题是根本不存在的。总之，法院与淘宝网的关系应为协助执行关系。

三、网络交易平台提供商与竞拍人之间的法律关系

网络交易平台提供商与竞拍人之间的法律关系一般出现在普通网络拍卖中，而且平台提供商多以单一型的平台类型出现，而今在网络司法拍卖中，交易平台提供商的类型多样，在拍卖关系中拥有不同的权利义务，那么它们与竞拍人之间的法律关系到底有什么不同，以下本文就三种不同的网络司法拍卖模式分别予以分析。

重庆模式中的产权交易机构与竞拍人之间的法律关系是非常难以确定的，因为，只有在这个模式中，产权交易机构是“塞入”以前的传统的法院、拍卖公司、竞拍人或买受人三者关系之间的，它是基于一定的改革目的和政治因素，为了在“法槌”与“拍卖槌”之间竖起一道“防火墙”，却使得法律关系变得更为复杂。我们认为，产权交易机构作为网络交易平台提供商，提供互联网竞价方面来看，它与竞拍人仅仅存在网络服务合同关系。理由如下：

一方面，通过参与竞价来看，竞拍人首先选择某一拍卖信息，然后在注册产权交易平台网站的会员，点击登录后，会弹出一则电子格式合同，在竞拍人点击同意后才能进入司法拍卖程序，这一电子格式合同就是网络服务合同，意为竞拍人可以使用此网络平台进行拍卖活动，但对于一些可能会涉及纠纷的事情现予免责声明。

另一方面，通过产权交易机构的权利义务来看，它既不像拍卖公司也不似法院，它主要的权利义务是：第一，以拍卖机构名义发布拍卖公告；第二，提供拍卖场地，包括现实场地和虚拟场地；第三，以拍卖机构名义签订竞买协议；第四，提供网络竞价服务。产

权交易机构可以说是混合了法院与拍卖机构的一部分权利义务，有人认为，产权交易机构拥有这么多的权利义务，与竞拍人是不可能只存在网络服务合同关系，因为它毕竟参与到了网络司法拍卖中来。但是我们认为，虽然它参与到了司法网拍中，但是其与竞拍人的直接关系就是提供网络竞价服务，至于那些以拍卖公司名义和以法院名义实施的行为都不能影响产权交易机构与竞拍人之间的关系，倒是会产生竞拍人与拍卖公司的关系，例如产权交易机构以拍卖公司名义发布拍卖公告，以及签订竞买协议，会使双方产生拍卖合同关系。

所以，我们认为把产权交易机构与竞拍人之间的法律关系理解为网络服务合同关系更合适一些，也更符合当初设立产权交易机构的目的。由于上海模式的网络司法拍卖时现场和网络同时进行，所以我们可以把此模式下的拍卖公司分为"线上"和"线下"，所以要对拍卖公司与竞拍人之间的法律关系分析出一个结论的话，就需要分别予以考量。

首先，现场进行的司法拍卖。对于直接在拍卖大厅进行的司法拍卖，与传统委托司法拍卖没有什么区别，所以要理解在现场进行拍卖情况下的两者的拍卖关系，根据传统委托拍卖的理论基础回答即可。我们认为，拍卖公司与竞拍人之间的法律关系应该是拍卖成交合同关系。拍卖成交合同是指拍卖人与竞买人之间根据拍卖的既定规则所达成的成交协议。虽然在司法拍卖整个法律关系中有公法性存在，有法院的强制执行权存在，但是对于拍卖公司与竞拍人之间的法律关系来说，并没有什么影响，其依然是私法上的关系，是拍卖成交合同关系，如果拍卖公司在合同范围内出现了任何违背约定的事项，则需要承担相应的民事责任。正如刘宁元先生所说："对于竞买人来说，达成拍卖成交合同与拍卖委托合同无关，无论拍卖人向委托人做出了何种承诺，均不能直接约束竞买人，竞买人只视拍卖人对方当事人。”[①]从这个方面说，拍卖公司与竞拍人是拍卖成交合同关系是值得肯定的。

其次，网络进行的司法拍卖。网络所进行的司法拍卖与现场是同步的，用户在网站进行注册后，参与到拍卖中来，通过虚拟操作员的引导，在网络通过加价的方式取得拍品的所有权。在网络的这一部分，拍卖公司虽然还是出了提供网络平台服务的其他职责，但是对于竞买人来说，在网络这一块，双方只产生了网络服务合同关系。

可以看出，经过对网络及网下的分析，拍卖公司与竞拍人之间的法律关系已经昭然若揭，既包括拍卖成交合同关系，也包括网络服务合同关系。拍卖公司的责任也变得更大，不仅需要在拍卖成交合同范围内履行应当履行的义务，而且在网络范围内还应当承担一定的义务。

由于淘宝网成了网络司法拍卖最大的平台，所以以淘宝网为例说明会更加的客观。淘宝网与竞拍人之间的法律关系用自动贩卖机来比喻网络司法拍卖中的淘宝网再合适不过，自动贩卖机在买受人投币并选择食品饮料后，通过自身的系统运转，使买受人获得想要买的物品，机器只提供了一个自动贩卖系统，并根据买受人的意思做出一系列反应，实际上买受人与这个机器并没有什么其他关系，只是使用这个机器作为交易的一种手段，只要按照合理的方式进行操作就不会受到什么责难。

淘宝网原理上与自动贩卖机类似，只不过实际上更复杂一些，淘宝网在这里面处于一个电子代理人地位。电子代理人（Electronic Agent），是指不需要人的审查或操作，而能够独立地发出、接收、处理数据电文，以及部分或全部地履行合同的计算机程序、电子手段或其他自动化手段。从构成上看，电子代理人是自动化功能的软件、硬件或其结合；从商业用途看，它执行的是商人的意

---

① 刘宁元：《拍卖法原理与实务》，上海人民出版社 1998 年版，第 125 页。

思表示或根据其意思表示而履行合同。从淘宝网在司法拍卖中的权利义务来看，其仅就提供自动问答、信息展示服务等，这都是作为一个交易平台网站应当要履行的义务，并未参与到司法执行程序当中，淘宝网仅仅作为一个电子代理人，司法拍卖的淘宝模式本质上还是法院自行拍卖。

在用户在网络交易平台上注册的时候，必然会有显示"同意某某网站的服务条款"字样，点击同意才能顺利注册，然后才能进行网络司法拍卖，该服务协议的签订正式代表着淘宝网与竞拍人之间的网络服务合同的成立，随后，网络交易平台提供商就必须在协议的权利义务范围内对竞拍人履行一定的义务以及承担相关责任。

综上，淘宝网与竞拍人之间，就是给予网络平台服务与接收网络平台服务的关系，这就表明，竞拍人或拍定人因为司法拍卖中标的瑕疵等原因需要赔偿时，不能将淘宝网作为被告起诉至法院。

四、法院与买受人之间的法律关系

法院与买受人之间的法律关系应根据模式之不同予以区分，重庆、上海模式中法院与买受人之间有拍卖机构参与交易，法院并未直接面对竞买人或买受人；而浙江模式，虽说淘宝网提供平台，但正如上文论述，其仅处于电子代理人的地位，意味着法院通过此平台直接面对买受人，并与买受人进行"交易"。

对于重庆、上海模式，我们认为法院与买受人之间是一种公法上的关系，也可以称之为基于公权力的处分关系。根据德国学者的观点，"公法说"依然为通说，但"公法说"又分为公法上的合同关系说和单方行为说。前者承认合同关系，而后者认为是法院的单方行为，并非达成合意的契约。① 我们赞成法院在处分涉诉资产时是一种公法性质的单方行为，并非具有合同关系。理由是。

① Brox, Legal Enforcement, Aufl. 8. Carl Heymanns Verlag (2008), p. 208.

第一，法院的公权力属性。法院在司法拍卖过程中实施的是强制执行权中的强制拍卖权，通过行使公权力对涉诉资产进行拍卖，这是将公权力作用到私法关系上。理论界有学者称，法院在司法拍卖中与买受人之间是买卖关系，法院作为出卖人，这完全是不合法理的。法院的执行机构行使拍卖权，并非是进行民事上的交易，而是在行使公权力，这个强制执行拍卖是国家机关基于统治权的作用而独立具有的权利。

第二，基于司法公信力。司法公信力是法院取信于公众的一个标准，法院作为国家司法机关，在行使职权时，时刻要注意是否能提升法院的司法公信力。在司法拍卖中，司法公信力体现在取得方式上。买受人对拍品到底是原始取得还是继受取得？继受取得就是基于法院是出卖人或者是代理人（这种情况下债务人为出卖人）的情况下，而原始取得则基于法院的行为是公权力的体现。我们认为，竞拍人对司法拍卖的信任一部分原因就是因为法院，法院作为司法机关，人们都对法院极其信赖，认为法院组织的拍卖不会出现任何问题，如果取得方式是继受取得的话，那么拍品随时有可能基于某一法律原因而被收回的风险，长期以来这样会造成司法公信力的降低。所以，司法拍卖的法律后果并不当然适用民法的买卖契约原则，故法院拍卖的效力，是使拍卖人原始取得标的物的所有权。这也是将法院与买受人之间关系界定为公法上的关系的本质要求。

浙江模式会出现这样一个问题，即法院司法拍卖的公权力处分属性与实际上通过拍卖方式进行交易的私法属性之间存在矛盾。难以否认，法院在拍卖中的主要目的是通过对债务人财产的变价以保障债权人的利益，既体现执行主体的公法性质又体现司法公信力，但实际上法院却通过民事拍卖行为使得物品流转。而且，此行为虽被称为“拍卖”，但已不符合传统拍卖的方式，根据各国的立法及司法实践来看,[①]“网络拍卖”更类似一种买卖合同交易,而非严格意义上的拍卖。那么如果认为法院与买受人之间是一种民事交易的话,买受人为买方毋庸置疑,但谁是卖方?是法院?债务人?还是债权人?

我们认为,首先,我们要承认浙江模式司法拍卖中,法院与买受人之间存在买卖关系,法院自行处置涉诉资产而不通过任何其他社会中介机构,本质上就是一种民事处分行为;其次,从司法拍卖本身的公法性质来看,我们虽承认法院与买受人之间是一种买卖关系,就形式上来说取得方式为继受取得,但司法拍卖是一种公法上的处分行为,原则上应清除拍品上的负担,所以应产生原始取得的效果,这也是区分于平等民事主体间买卖关系的根本,即司法公信力和交易安全;最后,对于谁是买方谁是卖方,虽然一般情况下债务人为所有权人,但我们认为其并不能作为卖方,因为从实际意义上来说,司法拍卖并非是一种平等主体之间的交易,买受人拍定财产的诱因并非是因为知道卖方所有而是基于对法院的信任,所以,法院在与买受人之间的交易中,应作为用益物权人处于卖方的地位。

五、产权交易机构与拍卖公司之间的法律关系

根据产权交易机构与拍卖公司的权利义务对比,产权交易机构主要做提供互联网竞价,以拍卖公司的名义发布拍卖公告,以拍卖公司的名义签订成交确认书等,可以看出,产权交易机构进入后,拍卖公司还是拍卖法律关系中不可缺少的一部分,毕竟拍卖公司在拍卖法律关系中是合法存在的,拍卖中的很多行为都需要以

---

① 德国最高院认为,在 eBay 这类网络平台上进行的网络交易不能称之为拍卖(See Julia Meuser, Electronic Commerce-Distance Selling, Computer and Telecommunications Law Review 2005, pp. 13～14.);法国则明确表示网络拍卖不适用于传统拍卖法(See Jon Sharpe, Court Ruling on Net Fine Art Sales Preserves Auctioneers' Monopoly, European Lawyer 2000, p. 7.)。

拍卖公司的名义来实行,但是拍卖公司的一大部分工作都由产权交易机构来做也是体现了法院改革的决心和动力。

针对产权交易机构和拍卖公司之间的法律关系,我们认为,虽然产权交易机构以拍卖公司的名义签订合同、发布公告等内容,但两者是不存在私法上的关系的,而是公法上的合作关系。

首先,虽然产权交易机构在名义上代为行使拍卖机构的某些权利,如拍卖公告、拍卖协议,如果从民法的角度来看,两者更像是一种代理关系,即产权交易机构代理拍卖公司参与拍卖活动,但是我们认为如果不在司法拍卖中,两者可以理解为这个关系,但是在司法拍卖中的话,他们之间的这个类似代理与被代理的关系并非是经过双方的合意,而是一种制度性的安排,是法院组织两者进行合作来共同分担法院的强制执行权,带有公法的性质。其次,从产权交易机构加入司法拍卖的目的来看,产权交易机构介入司法拍卖并非基于拍卖公司的业务要求,而是基于法院的优化执行权配置,确保司法拍卖公平、公正、透明地运行。最后,司法拍卖交予产权交易机构和拍卖公司共同实施,并不是因为拍卖公司向产权交易机构购买场地及电子竞价服务,而是因为法院在当前制度框架内做出的整体安排。在此过程中,产权交易机构与拍卖公司之间并非服务与被服务关系,而是相互支持、相互合作的关系,产权交易机构提供了场地和电子竞价服务,但拍卖公司也提供了合法的拍卖权利主体这一身份。

第四节　网络司法拍卖的争端解决

一、对《民事诉讼法》内容以及相关司法解释的适用

网络司法拍卖不同于任意拍卖,它是以司法强制执行权为后盾的,在国外,关于司法拍卖的规定都存在于《强制执行法》中,我国虽然对制定《强制执行法》提出已久,但是到现在依然还在议事日程上,并未发布。所以,我国对于具备公法性质的网络司法拍卖

并未有专门的法律予以规定，现阶段对司法拍卖规制的只有《民事诉讼法》及其相关司法解释。

《民事诉讼法》虽然是规定民事程序的法律，司法拍卖也属于民事诉讼程序的一个方面，但《民事诉讼法》中对这方面的规定却寥寥无几，一般都通过司法解释进行详细的规定，虽是如此，《民事诉讼法》依然是进行司法拍卖活动所要遵守的根本性的法律，网络司法拍卖也是一样，我们认为，对《民事诉讼法》的第二百四十四条和第二百四十七条予以适用能够很好地解释网络司法拍卖在现有立法缺失下的合法性。

《民事诉讼法》第二百四十四条第一款规定："被执行人未按执行通知履行法律文书确定的义务，人民法院有权查封、扣押、冻结、拍卖、变卖被执行人应当履行义务部分的财产。但应当保留被执行人及其所扶养家属的生活必需品。"第二百四十七条中规定："被执行人逾期不履行的，人民法院应当拍卖被查封、扣押的财产。"这两条规定是承认了现存所有网络司法拍卖模式的合法性，包括浙江模式。在2012年《民事诉讼法》实施前，学者主要依照相关司法解释的规定，质疑浙江模式的网络司法拍卖的合法性，认为应该按照规定委托相关拍卖机构或交易机构进行，而浙江省高院通过淘宝网进行拍卖是自行组织拍卖，是不合法的。这两个法条以"法院有权"和"法院应当"作为回应，彻底的粉碎了学者的质疑，没有说委托拍卖也没有说自行拍卖，但事实上承认了现存的所有网络司法拍卖模式。在还没有司法解释的时期，《民事诉讼法》中的规定成为应当遵守的准则，所以这两条规定成为证明网络司法拍卖合法的前提。

关于司法拍卖的司法解释，从1998年确立委托拍卖起，共有四个，分别是1998年的《最高人民法院关于人民法院执行工作若干问题的规定(试行)》(法释〔1998〕15号)，2004年的《最高人民法院关于人民法院民事执行中拍卖、变卖财产的规定》(法释〔2004〕16号)，2009年的《最高人民法院关于人民法院委托评估、拍卖和变卖工作的若干规定》(法释〔2011〕21号)，2012年的《最高人民法院关于人民法院委托评估、拍卖工作的若干规定》,以下分别简称为1998年《规定》、2004年《规定》、2009年《规定》、2012年《规定》。这四份规定基本对委托拍卖模式予以完善,网络司法拍卖应当对这些《规定》里的一些规则予以适用,才能使这一制度更加完善。

1998年《规定》仅第四十六条原则性的规定了司法拍卖的模式采取委托拍卖机构进行拍卖,而且大部分条文已经被新的规定取代,所以不具有适用意义。2004年《规定》规定了委托拍卖公司进行拍卖的程序,其中规定网络司法拍卖也应予以适用的是第八条、第九条,关于保留价的确定;第十一条、第十二条,拍卖公告期间及公告方式;第十三条,关于保证金的规定;第十四条至第十六条,对优先权人的通知和在拍卖过程中享有的优先购买权;第十七条,第十八条,对拍卖财产的处理;第十九条,最高价应低于保留价的情况处理;第二十条,撤回委托的情形;第二十一条关于中止执行;第二十二条至第二十八条,关于拍卖成交及流拍情况的处理;第二十九条,第三十条,关于所有权的转移;第三十一条,关于物上的其他权利的情况处理。这些规定对于上海模式和重庆模式均可有力规制。

2009年《规定》主要说明在司法拍卖中应当建立拍卖公司花名册,从这个名册中随机挑选拍卖公司,这个规定的出台主要是为了抑制当时严重的司法拍卖腐败现象,而且拍卖机构名册在2012年已经被废除,所以2009年《规定》对网络司法拍卖来说,并没有太多相应的规定可以适用。

2012年《规定》第四条规定:"人民法院委托的拍卖活动应在有关管理部门确定的统一交易场所或网络平台上进行,另有规定的除外。"这是首次承认网络司法拍卖的规定拍卖活动可以在同一交易场所或网络平台上进行,这是对重庆模式和上海模式的肯定,但是这条规定的前提是人民法院委托的拍卖活动,所以必须有拍卖机构的参与,对于网络司法拍卖的浙江模式是不能予以适用的。第八条关于监督拍卖机构的规定也可以适用重庆模式和上海模式。

对于浙江模式，由于新《民事诉讼法》颁布以来，至今未有关于司法拍卖的司法解释出台，而新法之前的司法解释的效力低于新法，所以以浙江模式的司法拍卖不符合 2012 年《规定》或更早以前的《规定》来论证浙江模式违法是极其荒谬的。由于现行法律及司法解释均不能有效地规制浙江模式的运作，那么只有在证明其合法的基础上先行适用各地高院的内部规定，并期待关于司法拍卖的司法解释早日出台对浙江模式予以规制。

二、对《拍卖法》内容的适用

正是由于浙江省法院的这次拍卖并没有委托传统拍卖公司或者专职网络拍卖网站，而是直接利用淘宝网电子商务平台开展拍卖，有些人认为此行为是违反了《拍卖法》相关规定的。但笔者认为，浙江省法院联合淘宝网平台进行司法拍卖并没有与拍卖法相背离，而是对拍卖法的内容的手段的创新。

《拍卖法》作为调整拍卖法律关系的法律，在此方面已经比较完善。根据以往实践中的经验，法院委托拍卖在运行过程中，法院自己行使强制拍卖权是源于《民事诉讼法》及相关司法解释的赋予。但是对于拍卖机构来说，支撑它按部就班进行拍卖活动的并非《民事诉讼法》，而是《拍卖法》的相关规定。

虽然《拍卖法》第二条的规定只调整企业间的拍卖关系，但是由于网络司法拍卖制度上的不健全，法律规定几乎处于空白，对于拍卖上的规则、程序均没有过多涉及，所以在这种情况下，笔者认为法院的司法拍卖既然并不属于拍卖企业进行的拍卖，而仅仅是法院执行措施中的一种，故并不能完全适用《拍卖法》的规定。既然司法拍卖在性质上属于法院执行措施，就法理来而言，法院既可以委托拍卖公司进行拍卖，也可以自行拍卖。法院作为执行的参与者，对于拍卖方式自主选择的考量是如何减少拍卖成本，最大限度地体现出所拍卖财产的价值，提升所拍卖财产的变现率和增值率，更能体现公平和正义。

因此，法院选择直接通过电子商务平台开展司法拍卖，并非违反法律的规定。但是拍卖过程中仍然出现了一些程序上的问题，这样可以优先类推适用《拍卖法》的相关规定，在新的规定或法律出现以前，就以《拍卖法》中的相关规定予以选择适用。

三、拍卖程序有关规定的适用

拍卖规则是指导拍卖行为的重要方面，拍卖的发展过程，也就是拍卖规则的形成过程。根据几个世纪的拍卖历程，构建了拍卖过程中各方主体所应遵守的规则体系，我国将它们纳入《拍卖法》中，作为指导拍卖活动的基本准则。

对于网络司法拍卖，拍卖规则作为拍卖过程中指导拍卖活动的准则，能更好地指导网络交易平台提供商，如重庆模式中的产权交易机构以及上海模式的中的拍卖机构在行使拍卖权时遵循这些准则，对于浙江模式，由于淘宝网并没有参与到执行程序内，所以这些规则能作为参考更好的指导法院的拍卖活动。

由于至今关于网络司法拍卖程序没有一个明确规定的立法文件，更遑论指导拍卖活动的拍卖规则。《民事诉讼法》及相关解释中完全没有关于拍卖过程中所应遵循的拍卖规则的规定，所以我们认为，将《拍卖法》中的相关规则抽丝剥茧，找到一些适用网络司法拍卖的拍卖规则用来规范拍卖行为是有必要的，因为网络司法拍卖毕竟是事实上的拍卖行为，这些经过岁月积累而形成的规则相信会减少网拍所付出的成本。

《拍卖法》中的拍卖规则主要有以下几种：价高者规则、底价规则、瑕疵责任规则、禁止参与竞买规则、保密规则、禁止拍卖自由物品规则等。这些规则大部分可直接作为网络司法拍卖的规则，但是其中，底价规则、保密规则和瑕疵责任规则或多或少与网络司法拍卖的特殊性相抵触，若直接对网络司法拍卖予以适用，会造成权利义务的失衡。

我们认为，首先，对底价规则来说，应当严格限制无底价，网络司法拍卖必须有底价，而且底价必须由专门的评估机构进行评估，法院不可随意确定底价。这也符合《民事诉讼法》及相关司法解释的规定。其次,保密规则,任意拍卖中,拍卖行需要对委托人的个人信息予以保密,这也是拍卖历史发展演变来的,用来保证委托人的隐私,所以在任意拍卖中,通常不知道委托人到底是什么人。在网络司法拍卖中,保密规则就不可再用,法院作为公权力机关,以自身的强制执行力处分涉诉资产,应当强制性规定公开法院的身份,这也是司法公信力体现。最后,瑕疵责任规则,在网络司法拍卖中,法院不需要对拍品的瑕疵进行担保。因为法院与其他拍卖主体不处于一个平等的地位,而瑕疵责任是民法中的规则原则,法院并不受其约束。通过以上的规则概述,网络司法拍卖可以予以选择性的吸纳,作为日后拍卖活动遵守的拍卖规则。

拍卖程序有关规定的适用《拍卖法》中关于拍卖程序的规定主要由拍卖委托、拍卖公告与展示、拍卖的实施和佣金四个部分组成。针对网络司法拍卖来说,我国相关的司法解释对程序的规定仅限于委托、公告以及佣金,而对拍卖公司怎么实施拍卖则在所不问,虽然网络司法拍卖中的有些模式并不存在拍卖公司,但未来的网络司法拍卖模式向什么方向发展还未有定论,而且在实践过程中网络交易平台提供商做了以往拍卖公司的大部分任务,然而却没有相关法律去规定实施程序,所以,对《拍卖法》中的程序性规定的借鉴能够使得拍卖畅然有序地进行。

《拍卖法》第四十九条至第五十一条,规定的是关于拍卖实施过程中拍卖师的职责,网络司法拍卖中,重庆模式与浙江模式只是将虚拟的系统作为拍卖师,只有上海模式中有现场的拍卖师,网络上由操作员替代拍卖师职责,但拍卖师在实施阶段的程序性工作也是可以应用到网络司法拍卖中的。首先,拍卖师宣读规则和注意事项也由网络系统代为进行。其次,任意拍卖中拍卖师在买受人的最高竞价未达到保留价时应不予成交,对于网络司法拍卖来说,虽由网络系统进行,却并非完全不可成交,因为按照司法解释关于委托拍卖的规定,如果最高应价未到保留价的,如果债权人同意,也可拍卖成交,在网络司法拍卖中也应予以适用。最后,在网络拍卖系统倒计时关闭拍卖时,最高应价者获得拍品,拍卖成交。

《拍卖法》第五十三条至第五十四条规定拍卖人在拍卖结束后的附随义务，网络司法拍卖应当予以适用。第一，制作拍卖笔录，网络司法拍卖中的竞拍人出价及拍卖过程中出现的任何问题都应当如实记录并予以妥善保管，保管的期限不少于 5 年；第二，保护个人信息，由于互联网的不确定性，常有发生个人信息泄漏的情况，所以对于网络司法拍卖来说，个人信息的保护更应值得注意。

实际上，对《拍卖法》的拍卖程序进行选择性适用针对网络司法拍卖来说略有牵强，因为网络司法拍卖有着专门的一套拍卖程序，拍卖系统存在于虚拟之中，《拍卖法》的程序性规定不可能完全适用于网络司法拍卖，反而是网络司法拍卖各个模式中自己起草的内部拍卖规定较为适合，但是又不能完全依据内部规定作为拍卖程序的基础，所以在法律不完备的情况下，只能先对《拍卖法》的程序性规定选择适用。

第五章 浙江省电子商务治理成就之二:跨境电商

第一节 跨境电商概述

一、跨境电商的界定

跨境电商是跨境电子商务的简称,是电子商务发展的一种较为高级的形式。根据艾瑞咨询集团对中国跨境电商行业所做的研究报告,跨境电商可以分为广义和狭义。从狭义上看,跨境电商实际上基本等同于跨境零售。跨境零售指的是分属于不同关境的交易主体,借助计算机网络达成交易、进行支付结算,并采用快件、小包等行邮的方式通过跨境物流将商品送达消费者手中的交易过程。跨境电商在国际上流行的说法叫 Cross-border E-commerce,其实指的都是跨境零售。通常跨境电商从海关来说等同于在网上进行小包的买卖,基本上针对消费者。但是随着跨境电商的发展,也出现一些小 B 类商家,他们也会通过跨境电商平台进行小额的交易买卖,由于很难界定小 B 类商家与 C 类消费者之间的严格界限,所以这类商家与 C 类个人消费者很难区分开来,通常也会把针对小 B 类商家的销售归入跨境零售部分。

从广义上看,跨境电商基本等同于外贸电商,是指分属不同关境的交易主体,通过电子商务的手段将传统进出口贸易中的展示、洽谈和成交环节电子化,并通过跨境物流送达商品、完成交易的一种国际商业活动,包括出口和进口两个层面的总和。

本书中跨境电商是指广义的跨境电商,主要指跨境电子商务中商品交易部分,同时也包含跨境电商服务部分,不仅包含跨境电商交易中的跨境零售 B2C 部分,还包括跨境电商 B2B 部分,不仅包括跨境电商中通过跨境交易平台实现线上成交的部分,还包括跨境电商中通过互联网渠道线上进行交易撮合线下实现成交的部分。

二、跨境电商的特征

跨境电子商务与传统跨境贸易相比,有其自身独特的优势,具体表现如下。

(一)交易范围的全球性

跨境电子商务与传统的交易方式相比,其中的一个重要特点在于跨境电子商务冲破了国家间的障碍,化解了传统交易所具有的地理因素限制,实现了无国界贸易,引起世界经济贸易巨大变革。同时,跨境电子商务交易范围的全球性使得企业可以直接面对全球消费者,能够更好地了解和把握国际市场需求和流行趋势,从而可以不断改进设计,提高企业在全球市场的竞争力。

(二)信息交流的即时性

在跨境电子商务中,贸易双方可以即时进行信息交流,无论实际时空距离远近,一方发送信息与另一方接收信息几乎是同时的,下单、付款都在瞬间完成。对于音像制品、软件等某些数字化产品的交易,订货、付款、交货等环节都可以即时清结。这种信息交流的即时性,能够拓展国际市场边界,大大促进资源优化配置和企业间的互利共赢。

(三)贸易渠道的便捷性

跨境电子商务省去了传统跨境贸易的很多中间环节,增强了跨境贸易的便捷性,有利于中小企业开展跨境贸易。跨境电子商务降低了从事跨境贸易的门槛,使得过去复杂、专业甚至带有某种神秘色彩的国际贸易变得简化、透明,降低了交易成本,缩短运营周期,为广大中小企业提供了直接面向国外买家的营销渠道,并且已经成为外贸的重要增长点，是“中国制造”走向世界的一个重要平台。

三、跨境电商的运作方式

根据中国跨境电商企业在跨境商品交易流通环节中所处的地位和作用的不同，以及商业模式的不同，将中国跨境电商运营模式划分为传统跨境大宗交易平台模式（大宗 B2B）、综合门户类跨境小额批发零售平台模式（小宗 B2B 或 C2C）、垂直类跨境小额批发零售平台模式（独立 B2C）和专业第三方服务平台模式（代运营）四种不同类型。

（一）传统跨境大宗交易平台模式（大宗 B2B）

传统跨境大宗交易平台模式是指服务于中国进出口贸易的线上规模以上 B2B 电子商务模式。具体来看，传统跨境大宗交易平台为境内外会员商户提供网络营销平台，传递供应商或采购商等合作伙伴的商品或服务信息，并最终帮助双方完成交易。传统跨境大宗交易平台通常覆盖互联网、线下展会、纸质出版物等多种渠道。参与者包含卖家、买家和 B2B 服务提供商。其中，卖家是指在交易过程中生产和出售产品或服务并由此获利的企业，它们通过 B2B 服务平台获取相应的卖家信息，并将自身的信息传递给买家；买家是指在交易过程中，因自身需求购入产品或服务的企业，它们通过 B2B 服务平台获取相应的买方信息，并将自身的信息传递给卖方；B2B 服务提供商是指连接产品或服务卖家和买家的纽带。此种运作方式通过收取会员费和营销推广费用来盈利。

（二）综合门户类跨境小额批发零售平台模式（小宗 B2B 或 C2C）

综合门户类跨境小额批发零售平台模式是指中国卖家通过第三方电子商务平台，直接与海外小型买家进行在线交易。在这种模式中不同国别或地区间的交易双方通过互联网及其相关信息平台实现不需报关、不缴付关税的交易，实际上是传统小额国际贸易基于网络化、电子化的新型贸易方式。此类电商平台是独立第三方销售平台,不参与物流、支付等交易环节,主要靠收取交易佣金盈利,此外还包括会员费、广告费等增值服务费。

(三)垂直类跨境小额批发零售平台模式(独立 B2C)

此种模式下电商平台自己联系国内外贸企业作为供货商,买断货源,同时自建 B2C 平台(含物流、支付、客服体系),将产品销往海外,销售收入是其主要收入来源。"垂直"指的是各方统一的体系,在电商领域,则是生产商、批发商、零售商合而为一的模式。简单而言,如果一个电商网站整合了一种产品的不同生产、批发、零售部分,同时直接面对客户,那么这样的网站就是垂直类的。垂直类小额跨境平台因为大大缩短供应链,拥有很强的成本优势,因而可以在定低价的同时获取高利润。其商业模式颠覆了传统的出口模式,可以绕过中间贸易商,达到大多数产品直接从工厂拿货的目的,节约大量的进货费;同时可以通过跨境电商平台直接将产品销往境外的终端客户,更扁平的渠道使得跨境电商平台拥有更好的定价权和更多的定制化产品。

(四)专业第三方服务平台模式(代运营)

该模式下的跨境电商平台不直接或间接参与任何电子商务的买卖过程,而是为行业不同、模式各异的从事小额跨境电子商务的公司提供通用的解决方案,为客户提供后台的支付、物流以及客户服务、涉外法律顾问等模块服务。其主要盈利模式为服务费。相关企业有四海商舟、四方科技集团等。四海商舟主要为从事小额跨境电子商务的公司提供通用解决方案,破解同质化难题,给新进入该行业的电商提供以下三种服务模块:一是"市场研究模块",专门帮客户分析其产品的互联网市场可能性、市场位置、需求机会以及品牌定位;二是"营销商务平台建设模块",帮助企业搭建一个符合海外消费者习惯的网站平台;三是"海外营销解决方案模块",为企业最陌生也最关注的海外营销推广提供多种选择等。

四、发展跨境电商的意义

跨境电子商务作为一种电子化的新型跨境贸易模式，是电子商务在跨境贸易上的成功应用。与传统跨境贸易相比，它有着无法比拟的优势，展现出顽强的生命力。因此，发展跨境电商具有重要意义。

（一）能够降低企业的交易成本，提升利润空间

跨境电商的运用使得传统贸易的产品展示、洽谈等环节能够在网络平台上迅速完成，这样不仅能够省去线下交易所需花费的店面租金、商务谈判的人员费用等，而且通过跨境电商平台，能够实现多国企业之间、企业与最终消费者之间的直接交易，在一定程度上也节省了传统贸易几经周转所带来的附加成本，使得跨境交易的成本大大降低，提升了企业的利润空间。在传统的国际贸易中，国内商品要达到国外消费者手中，要经历诸多环节：国内生产商——国内贸易商——国外进口商——国外分销商——国外消费者，通过跨境电商平台进行交易能够有效改善此种弊端，减少中间交易环节进而达到降低企业成本的目的。中小制造企业通过跨境贸易电子商务向海外进行直销，其产品的利润率可以由原来大宗采购下的5％～10％提高到30％～40％，大大提升了企业的利润空间。

（二）能够提高贸易的效率

网络技术的不断发展为做跨境电商的买卖双方提供了便利，为了吸引消费者，卖家会尽其所能通过网页文字描述说明、不同角度的拍摄图片、视频讲解、买家秀等途径去展示自己所销售的产品，让买家可以更加全面地了解自己的产品，同时卖家自己的信息（包括信用等级、公司地址等）也会更加透明地展现出来，以此赢得消费者的信任。买家可以通过跨境电商平台轻松、快捷地在全球范围内找到物美价廉、信誉良好、货源稳定的供应商，卖家也可以在短时间内找到合适的买家。在传统的国际贸易中，全部程序包

括签约、洽谈、报关、租船订舱、保险以及支付结算等都必须由人工参与完成,交易效率低、错误发生率高、受时间的局限大。① 而企业通过开展跨境电商业务,最大限度地缩短优化了商品从生产者到消费者之间的距离和环节,谈判、签约等交易环节可以在网上迅速完成,大大提升了对外贸易的效率。

(三)为企业打造国际品牌提供了新机会

当前我国许多企业的产品和服务质量、性能尽管很好,但囿于经营渠道,很少能走出国门,为境外消费者所熟知。而跨境电子商务能够降低国际贸易的门槛,使中小企业有机会进入国际市场。同时,跨境贸易电子商务通关服务平台提供的专业服务可以代替传统贸易中贸易、金融、外语等专业人才的作用,使得过去复杂、专业甚至带有某种神秘色彩的国际贸易变得简化、透明。跨境电商的便利性为一些"小而美"的中小企业创造了新的发展空间,通过跨境电商平台进行交易,能够克服地域限制,卖家能够把质量良好的产品或者服务推销到世界 200 多个国家和地区,为它们创建自身品牌、提升品牌的知名度提供了有效途径,从而催生出更多的具有国际竞争力的"隐形冠军"。此外,跨境电商发展迅速,为企业带来了丰厚的利润空间,推动一些传统的外贸企业利用这些新型方式拓展新渠道。跨境电子商务构建的开放、多维、立体的多边经贸合作模式,极大地拓宽了传统企业进入国际市场的路径。传统企业要想在国际市场上赢取更多的竞争优势,中国制造的低成本优势显然不能为其谋求长远的发展,所以外贸企业必须积极探索自主品牌,依靠自主技术和自主知识产权为其创造一个高附加值的外贸发展方式。因此,跨境电商的发展有助于企业加快自主品牌建设,推动"中国制造"向"中国创造"转型。

---

① 韩春燕:《电子商务发展对我国外贸企业的影响及应对策略》,《经济观察》2008 年第 1 期,第 71—73 页。

（四）对保持进出口贸易稳定增长具有重要意义

根据中国电子商务研究中心（100EC.CN）监测数据显示，2014年中国跨境电商交易规模为4.2万亿元，同比增长33.3%。2015年上半年，中国跨境电商交易规模为2万亿元，同比增长42.8%，占我国进出口总值的17.3%。受世界经济复苏态势缓慢及国内劳动力价格上涨、人民币升值等成本要素上升和贸易摩擦加剧等因素影响，我国对外贸易呈现低迷势态，近两年来，我国外贸进出口总额均保持在10%以下的增长速度。在我国对外贸易增速放缓背景下，跨境电商的业务在快速发展，成了未来驱动贸易发展的新动力。增长的主要驱动力在于跨境电商政策的密集出台，很多的传统企业开始进入这一领域，跨境电商逐渐受到传统企业的重视，成为传统企业发展的重要选择。2012年中国货物进出口贸易额首次超越美国，成为全球进出口贸易规模最大的国家。通过电商渠道深入渗透进出口贸易领域，有助于在成本和效率层面增强中国出口竞争优势，对保持中国外贸稳定增长发挥着重要作用。据统计数据表明，2013年我国跨境电子商务增幅在30%以上，而同期我国外贸总体增幅仅为7.6%，跨境电商整体规模相对于外贸总体的占比也不足10%。随着跨境电商的高速增长，电子商务在我国进出口贸易中的比重将越来越大，市场潜力巨大，将有效促进进出口贸易的增长。

（五）极大地丰富了消费者的选择空间

根据艾瑞网的调研数据显示，中国网民选择跨境网购的三大主要原因是“国内网站买不到”“品质保证”和“价格便宜”。而跨境电商的发展使得种类众多、质量良好的产品对于消费者变得触手可得，消费者可以很方便地获取外国产品的信息，并根据自己的喜好挑选出物美价廉的商品。

（六）带动其他行业的发展，促进国家经济的增长

跨境电商涉及生产、销售、物流、金融等众多领域，将带来区域劳动力需求的上升，尤其是生产方和服务业的大幅增长，可以解决

劳动力的当地就业问题,从而减少农民工的跨省区流动,有利于构建和谐社会和增强居民的幸福感,减少子女教育等社会问题的发生。同时,跨境电商可以在较小环境、较低社会成本条件下增加当地GDP,有利于带动中小城市经济增长,缓解大城市人口压力。当前,我国跨境电子商务快速发展,已经成为创新驱动发展的重要引擎和大众创业、万众创新的重要渠道。发展跨境电子商务,不仅能够带动就业、增加收入、解决民生问题,还能开辟市场空间、增强话语权,为中国经济发展提供新动力。

第二节　浙江省跨境电商发展现状

一、浙江省跨境电商所取得的成就

浙江省作为外贸大省和电子商务大省。近年来,随着互联网的飞速发展和电子商务交易技术的不断完善,国际市场消费模式发生变化,浙江省企业纷纷开始通过电子商务方式开展跨境贸易,拓展国际市场,并取得了突破性的进展。据商务部相关数据显示,目前浙江省跨境电商进出口额约占全国的20%,位居全国第二,仅次于广东省。

2014年,浙江省跨境电商出口按照预定目标实现成倍增长。全省跨境电商服务试点出口统计数(以“9610”代码报关)约为2.25亿元人民币,占全国的比重为32%;跨境电商服务试点进口统计数为5.8亿元人民币,占全国的比重为78%,位居全国首位。2014年“双11”当天,宁波市保税区跨境电商进口交易额就达1.1亿元,杭州市出口加工区跨境进口交易额达7 157万元,杭州市下城跨境产业园区进口额累计也达到1 200万元。跨境电子商务正逐步成为浙江省对外贸易新的增长点。浙江在跨境电子商务的发展取得一些显著的成就,也呈现出一定的特点,具体表现如下。

(一)跨境电商经营主体持续增多

浙江省中小企业数量众多,百姓创业意识强烈。目前,全省从事跨境电子商务的经营主体约 3 万多个，在各大跨境电商平台上开设各类网店已超过 30 万家。如 eBay 有 2 万家左右的中国大陆卖家，其中 30%是浙江省的企业，仅浙江省金华市就有 eBay 卖家 4 000余家，占全国的比重达到 20%；在阿里速卖通平台上的卖家主要集中在浙江省和广东省，其中活跃的义乌市卖家就有 1.7 万家。义乌市青岩刘村被称为中国网店第一村，聚集了来自中国各地15 000余名从事网络销售及相关产业的工作人员，2 800 多家注册网店每天向世界各地卖出超过 3 000 件各类商品。2014 年 4 月，阿里研究院公布了全国外贸网商密集度排名，金华市居深圳之后列全国第二位。

(二)跨境电商销售规模迅速扩大

涌现出了全国最大的跨境电商平台——阿里巴巴速卖通，和以杭州市全麦、杭州市子不语、浙江省执御、浦江县合趣、义乌市潘朵、义乌市吉茂、新河珠宝等为代表的跨境电商领军企业。杭州市全麦、义乌市潘朵全年出口销售额分别达 1.1 亿美元和 4 200 万美元，全省跨境电商出口年销售额在 2 000 万美元以上的企业已达 20 余家，并有一大批企业的销售额在迅速扩张中，浙江省执御年出口增速在 200%以上。单笔出口额也呈增大趋势，如浙江省融易通公司通过跨境电商报关出口的一笔自主设计的饰品价值达 5 万美元。

(三)跨境电商产业链发展不断完善

除了跨境电商经营企业、第三方交易平台以外，跨境电商服务商也随之兴起，国际物流快递公司、货代公司纷纷推出了支持跨境电子商务的专项业务，各银行纷纷推出针对跨境电商的新型产品，例如浦发银行推出了跨境电商专项业务，招商银行、贝付公司、深圳钱海等机构开展跨境电子商务结汇业务。一些发展较快的领军企业如杭州市全麦已在美国、俄罗斯、日本、德国等 8 个重点出口国家建立海外仓。

（四）跨境电商多元化经营趋势明显

销售平台多元化。80%电商实现了 eBay、Amazon、速卖通、敦煌网等全网营销，部分规模较大的跨境电商出口企业自建销售平台。经营商品多元化。产品涉及服装、饰品、箱包、鞋类、汽摩配件及家电等几十个品类，涵盖了浙江省大部分的传统优势产业商品。销售区域也多元化。出口销售目的国覆盖了欧美、俄罗斯、南美、中东等 180 多个国家和地区，拓展传统市场，使其和新兴市场齐头并进。

（五）跨境电商地区集聚日趋形成

依托当地良好的电商发展环境和丰富的市场商品资源，特别是当地政府的大力扶持，杭州市、金华市和义乌市等地已逐渐成为浙江省跨境电商出口的先发优势地区。杭州市是首批国家电子商务示范城市，出现了浙江省全麦、浙江省执御等一批在全国有影响力的跨境电商企业。金华市、义乌市把发展电子商务作为政府工作的一号工程来抓，跨境电商发展迅猛，两地、市全年跨境电子商务出口销售额分别为 18 亿美元和 25 亿美元。

（六）跨境电商国家试点工作逐步开展

浙江省跨境电商服务出口试点在杭州市、金华市开展，杭州市下城跨境贸易电子商务产业园在全国率先开展跨境出口业务，累计出口额2 400万美元；金华市从 2014 年 7 月起在金义都市新区开始跨境出口通关试点业务，累计出口额 1 223 万美元。跨境电商服务进口试点在宁波市、杭州市开展，宁波市自 2013 年 11 月在宁波市保税区正式启动进口保税备货模式业务，截至 2014 年底累计进口货值 3.5 亿元人民币，位居全国试点城市第一位；杭州市下城跨贸产业园于 2014 年 3 月开通“直购进口”业务，累计进口货值 2 400 万元人民币，杭州市出口加工区于 2014 年 5 月开展“进口网购保税”业务，目前阿里集团 50%以上的保税进口业务在园区运作，截至目前已完成交易货值 2 亿元人民币。

二、浙江省跨境电商法律治理的状况

跨境电商作为电商界的一匹“黑马”，迅速壮大，逐渐成为电商领域的新蓝海，在国际贸易中的地位和作用日益凸显，为提升国家的经济实力发挥了显著作用。与目前跨境电子商务规模快速发展形成鲜明对比的是，我国尚未建立针对跨境电子商务的法律法规体系，只有国家和各地区出台的一些政策文件为跨境电商的发展保驾护航。跨境电子商务法律政策环境不断完善，不仅为跨境电商市场的发展指明了方向，同时使得跨境电商在进一步规范的环境中快速发展。

在国家层面，随着电子商务政策法规密集出台，与跨境贸易电子商务的立法和政策相关的规定呈现以下几个特点。

（一）跨境电商宏观制度规范逐渐完善

进入 21 世纪以来，我国在电子商务领域进行了丰富的立法探索，立法内容上以《电子签名法》和《网络交易管理办法》为最高立法位阶，形成了发展规划、法律法规、指导意见、行业标准等电子商务制度系统。发展规划类包括，《电子商务的十二五规划》（工信部〔2012〕3 号）、《商务部“十二五”电子商务发展指导意见》（商电法〔2011〕375 号）等。法律法规类包括，工业和信息化部《互联网信息服务管理办法》（国务院令〔2000〕292 号）、《中华人民共和国电子签名法》（简称《电子签名法》）（2004 年 8 月 28 日通过，2005 年 4 月 1 日施行）、国家工商行政管理总局《网络商品交易及有关服务行为管理暂行办法》（国家工商行政管理总局令〔2010〕49 号）、《电子合同在线订立流程规范》（征求意见稿）（商务部）、公安部、国家保密局、国家密码管理局、国务院信息化工作办公室《信息安全等级保护管理办法》（公通字〔2007〕43 号）等。指导意见类包括，我国第一部电子商务政策文件《国务院办公厅关于加快电子商务发展意见》（国务院 2 号文件，2005 年 1 月 18 日）、《商务部关于促进网络购物健康发展的指导意见》（商贸发〔2010〕239 号，2010 年 6 月 24 日）、我国首部网上交易的部门文件《商务部关于网上交易的指导意见(暂行)》(商务部公告〔2007〕19号,2007年3月6日)等。行业标准类包括,《电子商务模式规范(征求意见稿)》(SB/T10518-2009)、《网络交易服务规范》(SB/T10519-2009)、《大宗商品电子交易规范》(GB/T18769-2003)、《电子商务协议》(GB/I19252-2003)等。

随着国家层面制度的不断出台,跨境电商的宏观制度日趋完善。

(二)跨境电子商务服务行业法律规范日趋丰富

为适应互联网和电子商务的发展形势,相关的主管部门也陆续制定规章,发布意见和指导,制定电子商务发展配套的行业制度。在电子认证服务方面,工业和信息化部制定了《电子认证业务规则规范》(2005)和《电子认证服务管理办法》(2009)。在网上银行和在线支付服务方面,中国人民银行制定了《网上银行业务管理暂行办法》(2001)、《电子支付指引(第一号)》(2005)、《非金融机构支付服务管理办法》(2010)。在快递服务方面,国家邮政局出台了《快递业务指导规范》(2011)。在第三方电子商务交易平台方面,商务部出台了《第三方电子商务交易平台服务规范》(2011)、国家标准《第三方电子商务服务平台服务及其等级划分规范 B2B\B2C 电子商务服务平台》(2009)。

(三)跨境贸易电子商务管理部门相关政策不断完善

随着跨境贸易电子商务发展以及对其战略地位的认识的深入,发改委、商务部、海关总署、人民银行、质检总局、国家邮政局等部门积极围绕综合法律法规、信息监管、支付清算、通关、物流保税、电子认证、纠纷解决、经营者行为、示范试点制定了一系列的标准规范和配套管理制度。

1. 综合方面

2011年10月,商务部就发布了《商务部"十二五"电子商务发展指导意见》(商电发〔2011〕375号),明确提出要支持跨境电子商务平台建设,鼓励中小企业应用跨境电子商务平台拓展海外市场,减少渠道环节，解决跨境电子商务中存在的问题。在2012年3月又发布了《商务部关于利用电子商务平台开展对外贸易的若干意见》(商电发〔2012〕74号)，鼓励电子商务平台通过自建或合作方式，努力提供优质高效的支付、物流、报关、金融、保险等配套服务，实现"一站式"贸易。由于电子商务出口在交易方式、货物运输、支付结算等方面与传统贸易方式差异较大，现行管理体制、政策、法规及现有环境条件已无法满足其发展要求。为此在2013年8月，《关于实施支持跨境电子商务零售出口有关政策的意见》应运而生，将跨境电子商务零售出口纳入海关的出口贸易统计，提出了对跨境电子商务零售出口的支持政策以及出口检验、收结汇等6项具体措施:建立电子商务出口新型海关监管模式并进行专项统计，主要用以解决目前零售出口无法办理海关监管统计的问题；建立电子商务出口检验监管模式，主要用以解决电子商务出口无法办理检验检疫的问题；支持企业正常收结汇，主要用以解决企业目前办理出口收汇存在困难的问题；鼓励银行机构和支付机构为跨境电子商务提供支付服务，主要用以解决支付服务配套环节比较薄弱的问题；实施适应电子商务出口的税收政策，主要用以解决电子商务出口企业无法办理出口退税的问题；建立电子商务出口信用体系，主要用以解决信用体系和市场秩序有待改善的问题。

2.税收方面

财政部、国家税务总局发出《关于跨境电子商务零售出口税收政策的通知》(财税〔2013〕96号)，明确了从2014年1月1日起，符合条件的跨境电子商务零售出口企业也能和普通外贸企业一样，享受增值税、消费税退免税政策。海关总署公告2014年第56号《关于跨境贸易电子商务进出境货物、物品有关监管事宜的公告》(总署公告〔2014〕56号)，指出电子商务企业在《货物清单》方式办理申报手续时，应按照一般进出口货物有关规定办理征免税手续，个人在以《物品清单》方式办理申报手续时，应按照进出境个人邮递物品有关规定办理征免税手续。海关总署发布的《关于跨境贸易电子商务服务试点网购保税进口模式有关问题的通知》(署科函

〔2013〕59 号)规定:以电子订单的实际销售价格作为完税价格,参照行邮税税率计征税款。应征进口税税额在人民币 50 元(含 50 元)以下的,海关予以免征。

3. 支付结算方面

2013 年 2 月,国家外汇管理局发布了《支付机构跨境电子商务外汇支付业务试点指导意见》,用于规范支付机构跨境互联网支付业务,防范互联网渠道外汇支付风险,并下发了《关于开展支付机构跨境电子商务外汇支付业务试点的通知》(汇综发〔2013〕5 号),浙江省是开展支付机构跨境电子商务外汇支付业务试点之一,获得支付业务许可证的第三方支付机构均可申请银行为小额电子商务交易双方直接提供跨境电子商务支付所涉及的外汇资金集中收付及相关的结售汇服务。

4. 通关方面

2013 年 4 月,国家发改委颁布了《关于进一步促进电子商务健康快速发展有关工作的通知》,强调要完善跨境贸易电子商务通关服务。

5. 监管方面

2014 年 2 月,海关总署发布了《关于增列海关监管方式代码的公告》(总署公告〔2014〕12 号),增列海关监管方式代码“9610”,全称“跨境贸易电子商务”,简称“电子商务”,适用于境内个人或电子商务企业通过电子商务交易平台实现交易,并采用“清单核放、汇总申报”模式办理通关手续的电子商务零售进出口商品。2014 年 8 月,海关总署又发布了《关于增列海关监管方式代码的公告》(总署公告〔2014〕57 号),增列海关监管方式代码“1210”,全称“保税跨境贸易电子商务”,简称“保税电商”,适用于境内个人或电子商务企业在经海关认可的电子商务平台实现跨境交易,并通过海关特殊监管区域或保税监管场所进出的电子商务零售进出境商品。此种监管方式用于进口时仅限经批准开展跨境贸易电子商务进口试点的海关特殊监管区域和保税物流中心(B 型)。海关总署公告《关于跨境贸易电子商务进出境货物、物品有关监管事宜的公告》(总署公告〔2014〕56 号）明确区分了货物和物品的概念，对于两者将采用不同的监管方案，其中关于货物的监管将被纳入一般贸易的体系，规定了海关要按照规定对电子商务进出境货物、物品进行风险布控和查验等。

（四）地方政府在跨境贸易电子商务管理方面日渐规范

在地方层面，浙江省也相继出台了一些政策文件，对浙江省跨境电商的发展起到规范和促进的作用。

1. 综合方面

2012 年，浙江省政府颁发了《关于进一步加快电子商务发展的若干意见》（浙政发〔2012〕24 号），提出要加快构建电子商务产业体系、提升发展电子商务公共平台、加快发展网络零售业、积极利用电子商务开拓国内外市场、进一步扩大电子商务应用范围、健全电子商务发展的基础保障、实施电子商务示范带动工程、加大对电子商务产业的政策支持力度、加强电子商务管理和服务，为推进全省电子商务的快速发展营造了良好的环境，提供了制度支持。2013 年 8 月，浙江省政府颁布了《关于深入推进"电商换市"加快建设国际电子商务中心的实施意见》（浙政办发〔2013〕117 号），提出要大力发展跨境电子商务，从电商平台、经营主体、仓储物流、快递配送、售后服务等环节入手，构建跨境电商业务体系；逐步建立适应电子商务模式的报关、报检、结汇和退税等管理机制。2014 年制定了《浙江省跨境电子商务实施方案》，从建立跨境电商工作机制、统筹部署全省跨境电商工作、建立跨境电商的统计机制、落实对跨境电商的财政支持政策、加强对跨境电商的业务指导、广泛发动企业开展跨境电商业务、积极营造良好的跨境电商市场环境等方面组织实施全省跨境电商的开展工作。宁波市人民政府发布了《关于推进我市跨境贸易电子商务服务试点工作的通知》（甬政发〔2013〕29 号），要求通过创新跨境贸易电子商务涉及的通关、结汇、退税政策及贸易方式，进一步解决制约跨境贸易电子商务发展的瓶颈问题，不断推进宁波市跨境贸易电子商务试点工作。

2. 知识产权方面

2014 年 11 月,浙江省科学技术厅、浙江省知识产权局发布了《关于印发〈浙江省电子商务领域专利保护工作指导意见(试行)〉的通知(浙科发知〔2014〕185 号)》,用于指导浙江省电子商务领域发生的专利侵权纠纷、假冒专利等专利违法行为的处理,加强电子商务领域专利保护工作。同时,浙江省知识产权局为了进一步加强专利行政执法工作,加大电子商务领域专利保护力度,规范电子商务交易市场秩序,印发了《浙江省电子商务领域专利保护专项行动实施方案》(浙知发法〔2014〕9 号)的通知。

3. 人才支持方面

浙江省商务厅、浙江省财政厅、浙江省教育厅、浙江省人力社保厅颁布了《关于加强〈浙江省电子商务专业人才培训和评价工作的实施意见〉的通知》(浙政办发〔2013〕117 号),为了加快浙江省电子商务人才培育,规范电子商务岗位标准和用人要求,逐步形成人才评价机制,培养理论知识和实践能力相结合的复合型人才,为电子商务的发展提供人才支持。

4. 服务体系建设方面

2014 年,浙江省商务厅、浙江省财政厅发布了《关于建设全省电子商务服务体系的通知》(浙商务联发〔2014〕60 号),鼓励大力发展电子商务服务业,构建电子商务服务体系。浙江省商务厅、浙江省电子商务工作领导小组办公室发布了《浙江省示范电子商务企业、平台和产业基地创建办法》,通过培育示范电子商务企业、平台和产业基地,提高电子商务产业发展水平。宁波市人民政府制定了《关于进一步加强外贸稳增提质促效工作的实施意见》(甬政发〔2014〕86 号),从推动进出口稳定增长、提升外贸发展质量、促进外贸企业增效、强化外贸服务保障方面提出了实施意见。

5. 资金支持方面

杭州市财政局、杭州市经济和信息化委员会发布了《杭州市信息软件和电子商务产业政策实施办法》,从 2013 年起,在杭州市工业和科技统筹资金中,每年安排一定资金重点支持信息产业十大工程建设,设立专项资金支持以信息软件和电子商务产业为重点的信息产业发展。2013 年 7 月,宁波市政府设立了“电子商务专项扶持资金”,用于推动电商企业的发展。该扶持基金在 2014 年度达到了 4 000 万元,以后年度金额根据专项资金绩效评价结果、年度市电子商务专项资金规模等因素确定。

第三节 浙江省跨境电商治理面临的挑战及其应对

一、浙江省跨境电商面临的挑战

尽管浙江省的跨境电商行业取得诸多成就,但是也应正视它在发展过程中所遇到的一些制约着浙江省跨境电商的发展的障碍。

(一)综合型人才暂缺

与国内电商不同,跨境电商面对的是来自世界各地的顾客,拥有不同的语言、文化、宗教信仰、生活习俗等,使得跨境电子商务变得复杂很多,加上电子商务本身涉及的在线支付、物流、计算机网络等知识,所以,一个优秀的跨境电商从业者需要了解并掌握的知识技能是相当繁多的。而目前这种复合型人才实属不多,要培养一批这样的人才也需要一个相当长的过程。

(二)跨境物流发展滞后

物流发展的滞后性也在一定程度上制约着跨境电子商务的发展。物流是电子商务交易中连通买家和卖家的纽带,在整个跨境电子商务流程中的地位举足轻重。然而对比发展得风生水起的跨境电商,跨境物流则显得有些力不从心。在物流方式的选择中,传统的集装箱整箱模式因其耗时较长,多次转运的特点不太适合跨境电商。因此航空快递成了主要的物流方式,但是这种物流方式邮寄费用偏高,无形之中提高了跨境物流的成本。不合理的跨境物流系统、尚有缺陷的基础设施也是跨境物流相对滞后的重要原因,在集货、包装、仓储、国内外配送以及分拨这几个环节的处理不当,使得物流效率持续低下,无法满足跨境电商日益增长的贸易需要。

(三)跨境电商企业的品牌建设乏力

一些传统中小企业进入跨境电商领域,面临着产品高同质化的严重问题。在自有品牌建设乏力的情况下,先用价格优势击败对手,成了目前众多外贸电商首选的战略方案。而在大打价格战的同时,忽视了更为重要的品牌、质量、服务意识的建设。

(四)相关法律法规缺失

跨境贸易不仅是个人、企业之间的交易,更是两个国家之间的交易。强有力的政府支持是一个国家外贸发展的最好推动力。随着跨境电子商务的进一步发展,中国将成为电子商务跨境贸易最大市场之一。然而,我国还没有制定任何关于跨境电子商务的法律,法律的缺失会使很多企业因得不到法律的保护而蒙受损失,因此,制定相关的法律是当务之急,让所有的交易都有法可依。如何在跨境电子商务贸易中保护消费者的权益,各国政府间如何合作等问题都有待法律的进一步完善。

二、浙江省跨境电商的应对之道

(一)加快电子商务人才培育

鼓励省内高校开展电子商务、物流等学科建设。建立健全多层次的培训体系,推进中小电子商务企业、配套服务商的中高级人才学历继续教育,支持有条件的电子商务企业与科研院所、高校合作建立教育实践和培训基地,鼓励和动员社会力量举办电子商务职业培训。鼓励开展面向农民和下岗工人的电子商务知识培训。加大省外优秀电子商务人才的引进力度。研究制定电子商务职业认证制度,健全电子商务人才成长促进机制,建立后备人才资源库,努力构建国内领先的电子商务人才集聚高地。

(二)加快跨境电商物流行业发展

现有的跨境物流方式主要有三种:国际小包和快递、海外仓储、聚集后规模运输。对于规模较小的但又占跨境电商主体的中小企业来说,国际小包和快递几乎是唯一的选择。商家过于依靠国际小包和国际快递会失去电子商务的快捷和便利性,将严重影响跨境电子商务的发展。因此,未来跨境物流应该提高资源整合管理能力及提升服务质量。同时政府应该加强政策扶持,加快物流基础设施建设,制定促进第三方物流发展的相关政策,从多个方面给予指导和支持,最终建立完整的一体化物流体系。

(三)加强自身品牌建设

对中国传统外贸企业来讲,品牌化经营是转型升级的必经之路。外贸企业需要从自身做起,摆脱模仿和同质化的问题,大力创新,以诚信的态度和优质的服务来获取国外消费者的认可,积极提升产品的质量并强调差异化,追求产品的丰富性,从“中国制造”升级成“中国创造”。除了从自我提升以外,企业还要积极借助第三方跨境电商平台,利用平台的流量优势,整合自身供应链,依托政府的利好政策,建立跨境营销渠道,强化客户关系,进而打造自己的品牌。

(四)依法保障跨境电商发展

推进电子商务地方性立法,重点围绕消费者权益保护、商业秘密保护、网络信用管理、特殊电子商务业态的市场准入等问题,研究制定我省电子商务法规实施细则。在相关立法未出台前,先制定有关促进电子商务发展和管理的规范性文件。建立健全多部门联动防范机制,切实做好执法检查和日常监管,严厉打击依托网络的制售假冒伪劣商品、侵犯知识产权、传销、诈骗等行为。推进网上经营主体信息公开披露,探索建立电子商务信用管理和信息共享机制,推广信用产品在电子商务中的应用,促进浙江省电子商务规范有序发展。

三、浙江省跨境电商未来发展前瞻

跨境电子商务在全球互联网高度普及的情况下敲开了无国界网购的大门,作为一个正在快速发展的行业,带动了经济的增长,也成为未来跨境贸易的必然趋势。在浙江省发展跨境电子商务有其独特的优势,具体表现如下。

(一)具有全球领先的电子商务产业优势

浙江省电子商务发展在全国乃至全球处于领先地位。拥有全球最大的 B2B 电子商务平台阿里巴巴、全国最大的民营网络支付平台支付宝、全国领先的生产资料 B2B 交易平台公司网盛科技、全国领先的大宗商品现货交易平台新华大宗等。2013 年,大淘宝旗下的天猫、淘宝、一淘、聚划算等网购市场成交规模约 1.79 万亿元,同比增长 54%,规模远超 eBay 和亚马逊,居全球第一。涌现了速卖通、全麦、网盛科技、华策影视、同人国际旅行社等一批跨境电子商务领军企业。

(二)具有试点城市先行先试的管理创新优势

浙江省杭州市、宁波市、金华市、义乌市等城市作为全国跨境贸易电子商务试点城市,率先对跨境电子商务的监管进行大胆创新,积累了宝贵经验;率先建立了"集中监管+定期申报"的出口模式,初步建立了海关、国检、税务、外管、电商、物流、银行等数据交换平台,有效实现电子单证联网协同,一定程度上建立了跨境电子商务行业的信息标准和接口规范,这些出口监管经验,成为全国学习、复制推广的模板;并且率先建立了电子商务产品质量监管机制,运用云信息、云监管、云服务等手段,探索形成了对网上产品质量进行风险监测、网上抽查、责任追溯、属地查处和信用管理的新型监管方式。

(三)具有条件优越的综合基础优势

浙江省优越的开放基础、扎实的信息产业、发达的物流产业、优势突出的线下园区等综合优势,为网上自贸区建设提供了坚实保障。线下平台发展基础好，拥有杭州市、宁波市、金华市、义乌市等众多跨境贸易电子商务产业园区平台，这些平台均具备较为优质便利的网络运营、物流、仓储、金融等产业配套服务，集聚了一批跨境电子商务企业，并在跨境电商通关、结汇、退税等监管创新上有所探索。

（四）具有适宜电子商务发展的区域优势

浙江省以及所处的长三角地区，块状经济明显，地方专业化市场众多，小商品生产能力独具优势，适合跨境出口的产品多、门类全，网货资源丰富；2014 年浙江省出口 2 733.6 亿美元，这为跨境电子商务出口提供了良好的贸易基础；浙江省中小微企业多，经统计超过了 100 万家，占全省企业总数的 96%，中小企业机制灵活，非常适合开展跨境电子商务，为跨境电子商务发展提供充足的网商群体。

浙江省在跨境电商领域之所以取得了显著的成就，得益于以上诸多优势。在国家和地方政府的积极引导下，跨境电商行业的生态体系越来越健全，随着跨境电子商务平台和跨境物流体系的逐步完善，浙江省的跨境电子商务发展将迎来更广阔的天空！

第六章　浙江省电子商务治理成就之三:互联网金融

第一节　互联网金融概述

一、互联网金融界定

(一)互联网金融的概念

互联网金融是指以依托于支付、云计算、社交网络以及搜索引擎、App等互联网工具,实现资金融通、支付和信息中介等业务的一种新兴金融。关于互联网金融,理论界还没有形成一种能够被广泛接受和认可的概念。“互联网金融”概念最早的提出者谢平教授曾经做过一个定义,他把互联网金融定义为“在这种金融模式下,支付便捷,市场信息不对称程度非常低;资金供需双方直接交易,银行、券商和交易所等金融中介都不起作用;可以达到与现在直接和间接融资一样的资源配置效率,并在促进经济增长的同时,大幅减少交易成本”。

本质上,互联网金融是互联网精神与金融功能的结合,依托大数据和云计算,在互联网平台上形成的开放式、功能化金融业态及其服务体系,包括但不限于基于网络平台的金融组织体系、金融市场体系、金融产品和服务体系、金融消费者群体及互联网金融监管框架等。

互联网金融不是互联网和金融业的简单结合,而是在实现安全、移动等网络技术水平上,被用户熟悉接受后,自然而然为适应新的需求而产生的新模式及新业务，是传统金融行业与互联网精神相结合的新兴领域。从目前相关研究看，“互联网金融”存在狭义和广义两种概念界定。

1.广义的互联网金融

从广义上讲，具备互联网精神、利用互联网技术的所有金融业态均可统称为互联网金融。例如，谢平和邹传伟认为互联网金融是一个谱系概念，涵盖因为互联网技术和精神的影响，从传统银行、证券、保险等金融中介和市场，到瓦尔拉斯一般均衡对应的无金融中介或市场情形之间的所有金融交易和组织形式。又如，中国人民银行发布的《中国金融稳定报告(2014)》认为，广义的互联网金融既包括作为非金融机构的互联网企业从事的金融业务，也包括金融机构通过互联网开展的业务。

2.狭义的互联网金融

狭义的互联网金融仅指非金融机构基于互联网技术开展的金融业务。例如，中国人民银行发布的《中国金融稳定报告(2014)》称，狭义的互联网金融仅指互联网企业开展的、基于互联网技术的金融业务。主要包括第三方支付、P2P网贷、大数据金融和众筹等较为成熟的互联网金融模式。

3.金融互联网与互联网金融

目前比较流行的观点是把传统金融机构(如银行、保险公司、基金、证券公司等)使用互联网来展示和营销其产品和业务的做法称作“金融互联网”，而把互联网企业介入金融服务领域的做法称为“互联网金融”。例如，阿里巴巴集团董事局主席马云认为，未来的金融有两大机会，一个是金融互联网，金融行业走向互联网；第二个是互联网金融，纯粹的外行领导，其实很多行业的创新都是外行进来才引发的。

这种定义虽然简便易懂，但它只是区分了金融业务的操作主体(即互联网企业或传统金融机构)，而没有解释两者在经营模式上的区别。实际上，金融互联网主要是依托实体金融机构的线下基础，搭载互联网功能和技术手段，对传统金融领域进行技术和效率的改进,促使金融业务透明度更强、参与度更高、协作性更好、中间成本更低、操作更便捷。区别于金融互联网应用等技术层面的变革,互联网金融有着完全不同的逻辑起点和商业模式,将掀起信息技术在金融领域的“第三次革命”。

2015年7月18日,《关于促进互联网金融健康发展的指导意见》(银发〔2015〕221号)(以下简称《指导意见》)由中国人民银行、工信部、财政部等十部委联合发布。这份被称为互联网金融“基本法”的文件,首次明确了互联网金融的概念,并明确各互联网金融业态的监管职能部门。

《指导意见》指出:互联网金融是传统金融机构与互联网企业利用互联网技术和信息通信技术实现资金融通、支付、投资和信息中介服务的新型金融业务模式。

中央财经大学金融法研究所所长黄震等专家认为,《指导意见》至少在两个方面实现了“首次”:一是首次系统全面地对互联网金融做出了判断和界定。互联网金融的本质仍属于金融,没有改变金融风险隐蔽性、传染性、广泛性和突发性的特点;互联网金融的主要业态包括互联网支付、网络借贷、股权众筹融资、互联网基金销售、互联网保险、互联网信托和互联网消费金融等。二是首次系统全面地明确了监管分工。人民银行负责互联网支付业务的监督管理;银监会负责包括个体网络借贷和网络小额贷款在内的网络借贷,以及互联网信托和互联网消费金融的监督管理;证监会负责股权众筹融资和互联网基金销售的监督管理;保监会负责互联网保险的监督管理。以往“谁生的孩子谁管、没人批的机构没人管”的混沌状态正式宣告终结。

“立规矩”是为了“成方圆”。《指导意见》旗帜鲜明地鼓励互联网金融平台、产品和服务创新,激发市场活力;支持互联网企业依法合规设立互联网支付机构、网络借贷平台、股权众筹融资平台、网络金融产品销售平台,建立服务实体经济的多层次金融服务体系,更好地满足中小微企业和个人投融资需求,进一步拓展普惠金融的广度和深度。

(二)互联网金融的核心功能

互联网金融模式有三个核心部分:支付方式、信息处理和资源配置。首先在支付方式方面,以移动支付为基础。其次是在信息处理方面,在云计算的保障下,资金供需双方信息通过社交网络揭示和传播,被搜索引擎组织和标准化,最终形成时间连续、动态变化的金融市场信息序列。最后,在资源配置方面,资金供需信息直接在网上发布并匹配,供需双方可以直接联系和交易。在这种资源配置方式下,双方或多方交易可以同时进行,信息充分透明,定价完全竞争,因此最有效率,社会福利最大化。这种方式不需要经过银行或交易所等中介,去中介化的作用很明显。

(三)互联网金融的特征

1. 普惠金融和长尾金融

虽然我国已建立了庞大的金融体系,形成了银行、证券、保险及信托等完备的金融机构和多层次金融服务体系,但金融资源供需在结构上存在较大失衡。"普惠金融"缺失,"草根"金融需求被大型金融机构忽视,金融市场缺乏竞争性金融供给。互联网金融打破了行业的高门槛,以灵活性、便捷性和可得性等特征,为传统金融行业的"长尾市场"(中小客户群体和小微资金融通需求)寻求突破方式,大大拓展了金融服务的广度和深度。互联网金融通过为长尾客户群提供普惠金融服务,很容易培养客户黏性,随着规模的扩大,对传统金融活动造成强有力冲击。

2. 平台金融

互联网平台大大缩短了人们在时间和空间上的距离,建立了一种全新的金融生态环境。作为传统金融中介的替代品,互联网平台实现了资金流、信息流、物流"三流合一"服务,成为客户获取互联网金融服务的入口。金融发展的趋势是去中心化,相对传统金融行业,平台金融初始成本很低,导致业务相同、服务同质的平台层出不穷。经营边际成本极低、开放程度极高、规模经济显著的平台金融具有赢得市场并整合市场的趋势。少数在便捷性、安全性、高效性、简洁性等若干维度均有最佳客户体验的平台极易保持客户黏性，实现可持续发展。

3.信息金融

互联网渗透到社交、商务、生活等方面留存下来的零散数据蕴藏着海量结构化和非结构化信息，包括历史交易记录、客户交互行为、违约支付概率等，这些数据信息成为重要的资源和资产。金融业务的核心要素是“信用、定价、风控”，每一要素均对数据的数量、质量及数据的深度挖掘、处理技术具有较高要求。

信息的充分程度和关联性直接决定互联网金融交易的质量，是开展一切金融活动的基础。互联网金融通过云计算技术，挖掘、辨识、整理和加工大数据，形成金融领域可利用的信息资源。互联网平台信息广度、深度的不断扩展，促使信息挖掘分析水平发生质的突破，并使互联网金融参与者的信用状况一目了然，风险识别和定价过程得以快捷完成，同时也为精准营销和个性化定制服务提供数据支撑。

4.碎片金融

每个人都有零碎、富余的时间和资源，把这些闲置的时间和资源汇聚起来，可以有目的地创造更多价值。移动互联网技术为这些“盈余”的利用创造了便利条件。在互联网金融领域，金融碎片化成为发展趋势。对于资金数量、资信水平和时间成本迥异的客户群体，互联网金融可以有效整合、利用零散的资金、信息、时间等碎片资源，积少成多，整合“长尾”客户群并产生强大的聚合力，实现规模效应，成为各类金融服务机构新的利润增长点。

二、发展互联网金融的意义

中国人民银行发布《中国金融稳定报告(2014)》，报告称 P2P 网贷等互联网金融有五大积极意义：有助于发展普惠金融，弥补传统金融服务的不足；有利于发挥民间资本作用，引导民间金融走向规范化；有助于满足电子商务需求，扩大社会消费，有助于降低成本，提升资金配置效率和金融服务质量；有助于促进金融产品创新，满足客户的多样化需求。

（一）有助于发展普惠金融，弥补传统金融服务的不足

互联网金融的市场定位主要在“小微”层面，具有“海量交易笔数，小微单笔金额”的特征，这种小额、快捷、便利的特征，具有普惠金融的特点和促进包容性增长的功能，在小微金融领域具有突出的优势，一定程度上填补了传统金融覆盖面的空白。因此，互联网金融和传统金融相互促进、共同发展，既有竞争又有合作，两者都是我国多层次金融体系的有机组成部分。

（二）有利于发挥民间资本作用，引导民间金融走向规范化

我国民间借贷资本数额庞大，长期以来缺乏高效、合理的投资方式和渠道，游离于正规金融监管体系之外，客观上需要阳光化、规范化运作。通过规范发展P2P网贷、众筹融资等，引导民间资本投资于国家鼓励的领域和项目，遏制高利贷，盘活民间资金存量，使民间资本更好地服务实体经济。众筹股权融资也体现了多层次资本市场的客观要求。

（三）满足电子商务需求，扩大社会消费

电子商务对支付方便、快捷、安全性的要求，推动了互联网支付特别是移动支付的发展；电子商务所需的创业融资、周转融资需求和客户的消费融资需求，促进了网络小贷、众筹融资、P2P网贷等互联网金融业态的发展。电子商务的发展催生了金融服务方式的变革，与此同时，互联网金融也推动了电子商务的发展。

（四）有助于降低成本，提升资金配置效率和金融服务质量

互联网金融利用电子商务、第三方支付、社交网络形成的庞大的数据库和数据挖掘技术，显著地降低了交易成本。互联网金融企业不需要设立众多分支机构、雇佣大量人员，所以大幅降低了经营成本。互联网金融提供了有别于传统银行和证券市场的新融资

渠道，以及全天候、全方位、一站式的金融服务，提升了资金配置效率和服务质量。

（五）有助于促进金融产品创新，满足客户的多样化需求

互联网金融的快速发展和理念创新，不断推动传统金融机构改变业务模式和服务方式，也密切了与传统金融之间的合作。互联网金融企业依靠大数据和云计算技术，能够动态地了解客户的多样化需求，计量客户的资信状况，有助于改善传统金融的信息不对称问题，提升风险控制能力，推出个性化金融产品。

随着互联网金融的迅速崛起，以银行为代表的传统金融业纷纷开始"触网"，积极应变。业内人士认为，商业银行具有长期累积的风险控制优势，如果能抓住大数据时代的机遇，利用网络技术提升小微企业融资及个人客户服务能力，将能较好地弥补自身短板，迎来发展新机遇。

三、互联网金融的模式

互联网金融依其技术属性又可以归纳为三大类：第一类是利用互联网优势建立交易对接平台，包括 P2P 平台、众筹融资平台、理财产品推荐销售平台、保险产品交易平台、证券交易平台等；第二类是大数据金融类，包括利用金融大数据分析技术进行征信评级；在大数据分析模型基础上的高频交易决策；分析客户大数据，进行精准营销；大数据分析基础上的风险测评与管理；异常交易的发现与诊断等等；第三类是所谓的金融电子化，主要是利用互联网技术改造提升传统金融服务业，包括基于互联网的电子银行、电子证券、电子保险体系建设。使金融服务通过网络连接各类交易主体，突破金融服务的时空限制。包括网上银行、手机银行、微信银行、各类自助服务等，还包括利用云计算、大数据等技术改善金融企业客户管理、绩效管理和风险管理等等。

（一）众筹

众筹大意为大众筹资或群众筹资，是指用团购预购的形式，向网友募集项目资金的模式。众筹的本意是利用互联网和 SNS 传播的特性，让创业企业、艺术家或个人对公众展示他们的创意及项目，争取大家的关注和支持，进而获得所需要的资金援助。众筹平台的运作模式大同小异——需要资金的个人或团队将项目策划交给众筹平台，经过相关审核后，便可以在平台的网站上建立属于自己的页面，用来向公众介绍项目情况。

（二）P2P 网贷

P2P，即点对点信贷。P2P 网贷是指通过第三方互联网平台进行资金借、贷双方的匹配，需要借贷的人群可以通过网站平台寻找到有出借能力并且愿意基于一定条件出借的人群，帮助贷款人通过和其他贷款人一起分担一笔借款额度来分散风险，也帮助借款人在充分比较的信息中选择有吸引力的利率条件。P2P 两种运营模式，第一是纯线上模式，其特点是资金借贷活动都通过线上进行，不结合线下的审核。通常这些企业采取的审核借款人资质的措施有通过视频认证、查看银行流水账单、身份认证等。第二种是线上线下结合的模式，借款人在线上提交借款申请后，平台通过所在城市的代理商采取入户调查的方式审核借款人的资信、还款能力等情况。

（三）第三方支付

第三方支付狭义上是指具备一定实力和信誉保障的非银行机构，借助通信、计算机和信息安全技术，采用与各大银行签约的方式，在用户与银行支付结算系统间建立连接的电子支付模式。根据央行 2010 年在《非金融机构支付服务管理办法》中给出的非金融机构支付服务的定义，从广义上讲第三方支付是指非金融机构作为收、付款人的支付中介所提供的网络支付、预付卡、银行卡收单以及中国人民银行确定的其他支付服务。第三方支付已不仅仅局限于最初的互联网支付，而是成为线上线下全面覆盖，应用场景更为丰富的综合支付工具。

(四)数字货币

除去蓬勃发展的第三方支付、P2P贷款模式、小贷模式、众筹融资、余额宝模式等形式，以比特币为代表的互联网货币也开始露出自己的“獠牙”。以比特币等数字货币为代表的互联网货币爆发，从某种意义上来说，比其他任何互联网金融形式都更具颠覆性。2013年8月19日，德国政府正式承认比特币的合法“货币”地位，比特币可用于缴税和其他合法用途，德国也成为全球首个认可比特币的国家。这意味着比特币开始逐渐“洗白”，从极客的玩物，走入大众的视线。也许，它能够催生出真正的互联网金融帝国。比特币炒得火热，也跌得惨烈。无论怎样，这场似乎曾经离我们很遥远的互联网淘金盛宴已经慢慢走进我们的视线，它让人们看到了互联网金融最终极的形态就是互联网货币。所有的互联网金融只是对现有的商业银行、证券公司提出挑战，等将来发展到互联网货币的形态时就是对央行的挑战。

(五)大数据金融

大数据金融是指集合海量非结构化数据，通过对其进行实时分析，可以为互联网金融机构提供客户全方位的信息，通过分析和挖掘客户的交易和消费信息掌握客户的消费习惯，并准确预测客户行为，使金融机构和金融服务平台在营销和风险控制方面有的放矢。基于大数据的金融服务平台主要指拥有海量数据的电子商务企业开展的金融服务。大数据的关键是从大量数据中快速获取有用信息的能力，或者是从大数据资源中快速变现利用的能力。因此，大数据的信息处理往往以云计算为基础。

(六)金融机构

所谓信息化金融机构，是指通过采用信息技术，对传统运营流程进行改造或重构，实现经营、管理全面电子化的银行、证券和保险等金融机构。金融信息化是金融业发展趋势之一，而信息化金融机构则是金融创新的产物。从金融整个行业来看，银行的信息化建设一直处于业内领先水平，不仅具有国际领先的金融信息技术平台，建成了由自助银行、电话银行、手机银行和网上银行构成的电子银行立体服务体系，而且以信息化的大手笔——数据集中工程在业内独领风骚，其除了基于互联网的创新金融服务之外，还形成了“门户”和“网银、金融产品超市、电商”的一拖三的金融电商创新服务模式。

(七)金融门户

互联网金融门户是指利用互联网进行金融产品的销售以及为金融产品销售提供第三方服务的平台。它的核心就是“搜索比价”的模式，采用金融产品垂直比价的方式，将各家金融机构的产品放在平台上，用户通过对比挑选合适的金融产品。互联网金融门户多元化创新发展，形成了提供高端理财投资服务和理财产品的第三方理财机构，提供保险产品咨询、比价、购买服务的保险门户网站等。这种模式不存在太多政策风险，因为其平台既不负责金融产品的实际销售，也不承担任何不良的风险，同时资金也完全不通过中间平台。

第二节　浙江省互联网金融治理的成效

一、浙江互联网金融发展的成就

浙江省民营经济、电子商务非常发达，也一直引领着国内电子商务及衍生业态的发展。国内电子商务巨头阿里巴巴集团就在浙江省。阿里巴巴的互联网理财工具余额宝、网络小额信贷(阿里小贷)、第三方支付支付宝等也一直引领着中国互联网金融发展，在一定程度代表着基于互联网发展金融业务的互联网金融业态趋势，而温州市作为国家层面的金融改革试验区，一直在民营金融工作方面走在前列。

浙江省是全国最早提出大力发展电子商务产业的省份，正在成为全球最发达的电子商务区域之一。目前,全省“大电子商务”产业链渐趋成型,已成为全省经济的重要增长点,是打造浙江省经济升级版的重要助推力量。在浙江省发展互联网金融有它自身的一些优势。

第一,电子商务产业发展走在全国前列。目前全省开设各类网店近 90 万家,占全国的 14.7%;有 65%的中小企业应用电子商务,电子商务交易额居全国前列。全国十佳电子商务服务商中浙江省占有 7 席。全省已培育出中国化工网、中国化纤网、珍诚医药在线等一批国内电子商务行业信息服务网站的领军者,以及 5173、9158 等一批“亩产税收”超千万元的电商企业。义乌市中国小商品城、绍兴市中国轻纺城、永康市中国五金城等传统专业市场加大网络市场建设力度,加快推进与电子商务平台的融合。同时,农村电子商务发展方兴未艾,“遂昌模式”已开始向周边省份拓展。

第二,电子商务产业支撑服务处于全国领先水平。以电子商务交易服务为龙头,物流配送、支付安全和信用认证、软件开发相配套的电子商务服务业已形成规模,电子商务生态环境得到有效改善。总部位于杭州市的国内第一大电子商务公司阿里巴巴拥有全球最大的 B2B 平台、C2C 平台(淘宝网)和第三方支付平台(支付宝),业务辐射 190 多个国家和地区,有效解决了网络信用和支付安全问题。阿里小微信贷降低了中小微企业的融资门槛,减少了融资成本。全省已有 18 家企业获得第三方支付牌照,占全国的 9.2%。特别是快递业迅速兴起,为网络零售快速发展提供了物流支撑,由阿里巴巴、银泰等企业联合成立的“菜鸟网络科技有限公司”,已将中国物流网建设的首站城市放在金华市。阿里巴巴集团以 5.86 亿美元购入新浪微博 18%的股权,实现了电子商务和社交平台的强强联手。云计算、物联网和自然语言等新兴技术不断出现,有效解决了存储空间、计算能力和数据服务等瓶颈问题。

第三,电子商务发展环境得到有效改善。浙江省上下已逐步形成共识,并在全国率先实施“万企电子商务推进工程”,全省共有 11 万多家中小企业和个体工商户应用阿里巴巴“诚信通”业务。杭州市、金华市分别被授予“中国电子商务之都”和“中国电子商务创业示范城市”称号，两市先后出台了加快发展电子商务的政策文件；杭州市、宁波市入选国家跨境贸易电子商务试点城市；杭州市西湖区文三街电子信息街、金华市电子商务产业基地入选首批国家电子商务示范基地；阿里巴巴集团有限公司等 9 家企业入选商务部电子商务示范企业。

在刚过去的 2014 年互联网金融风起云涌，从移动支付技术升级，到场景建设，到金融产品创新，它的成长正改变着未来金融的形态。而浙江省作为互联网金融“高地”，也在互联网金融领域取得一些瞩目的成就。

2014 年，阿里巴巴数字娱乐事业群发布“娱乐宝”，浙江省股权交易中心打造了“浙里投”互联网金融平台，各类众筹产品激起了投资者们的兴趣。

为应对互联网金融浪潮，银行、保险、券商等传统金融机构纷纷寻求改革，不少省内银行将电子银行部升级更名为“互联网金融部”。而在“触网”合作上，传统金融机构也在加速与互联网公司的合作。

浙江省 P2P 行业 2014 年处于洗牌季。一方面，P2P 行业体量逐渐扩大、竞争也越发突出，问题平台事件频繁爆发，今年浙江省累积问题平台共有 47 家。另一方面整个行业平均的利率每个月基本上都会下降，相比于年初综合收益达到 21.11%，11 月底的综合收益却下降到了 17.44%，更是加剧了行业洗牌。

浙江省网商银行获批，是自国家允许民间资本设立中小型银行等金融机构以来的重大突破。阿里方透露，网商银行将以互联网为主要手段和工具，坚持小存小贷的业务模式，同时网商银行将成为不设线下网点、不分总支行级别的互联网银行。在业界看来，这家来自民营资本设立的民营银行，打开了银行业对民营资本行业准入的限制；而互联网金融基因的引入将真正倒逼金融体制改革加快推进，个人金融消费也将产生连锁突变。

2014 年，铜板街、盈盈理财等多家浙资背景的互联网金融企业获得风投"宠幸"，且额度大多为千万美元级别。除此之外，"温州贷""合创优贷""展达财富"等多个浙江省本土 P2P 平台更是以挂牌的方式直接与资本市场对接。对于正在茁壮成长中的浙江省互联网金融企业来说，资本的入局无疑为它们带来资金上、品牌上等多方面的利好。

互联网发达的杭州市成了互联网金融的排头兵，在苹果商店排名前 20 位的理财 App 中，挖财、51 信用卡、铜板街、盈盈理财等都是杭州市制造。加上阿里巴巴的支付宝和余额宝，杭州市的互联网金融产品足以满足普通人的金融需求。在移动互联网时代，杭州市移动理财 App 已经悄然抢占了先机。生活理财类 app，无疑是一条重要的互联网金融集聚带。

二、浙江省互联网金融法律治理的状况

互联网金融是传统金融行业与互联网精神相结合的新兴领域，互联网"开放、平等、协作、分享"的精神往传统金融业态渗透，形成互联网金融行业的独特特色。近年来，我国互联网金融行业得到快速发展，但是我国金融法律体系对互联网金融这种新的金融业态普遍关注不够，尽管陆续出台了一些互联网金融法规，但是互联网金融法规总体偏少。对现有相关互联网金融模式对应的监管法规进行了罗列，具体如下。

（一）刑法

互联网金融准入门槛低，仅仅凭借一台电脑，一套 200 元采购来的源代码就可以搭建一个 P2P 网贷平台，因此不可避免地出现了一些骗子利用 P2P 网贷平台恶意骗款跑路事件，给投资者造成了巨大的损失。利用互联网进行非法活动的，可能涉及如下法律条款：

《刑法》第一百七十六条非法吸收公众存款罪：非法吸收公众存款或者变相吸收公众存款，扰乱金融秩序的，处三年以下有期徒刑或者拘役，并处或者单处二万元以上二十万元以下罚金；数额巨

大或者有其他严重情节的，处三年以上十年以下有期徒刑，并处五万元以上五十万元以下罚金。单位犯前款罪的，对单位判处罚金，并对其直接负责的主管人员和其他直接责任人员，依照前款的规定处罚。

《刑法》第一百九十二条集资诈骗罪：以非法占有为目的，使用诈骗方法非法集资，数额较大的，处五年以下有期徒刑或者拘役，并处二万元以上二十万元以下罚金；数额巨大或者有其他严重情节的，处五年以上十年以下有期徒刑，并处五万元以上五十万元以下罚金；数额特别巨大或者有其他特别严重情节的，处十年以上有期徒刑或者无期徒刑，并处五万元以上五十万元以下罚金或者没收财产。

（二）专门监管法规

1. 第三方支付法规

2010 年 6 月 4 日，中国人民银行发布《非金融机构支付服务管理办法》（人民银行公〔2010〕第 2 号），该办法第一条规定该办法的制定目的是为促进支付服务市场健康发展，规范非金融机构支付服务行为，防范支付风险，保护当事人的合法权益。该办法第二条明确了本办法所称非金融机构支付服务，是指非金融机构在收付款人之间作为中介机构提供下列部分或全部货币资金转移服务：（一）网络支付；（二）预付卡的发行与受理；（三）银行卡收单；（四）中国人民银行确定的其他支付服务。该办法所称网络支付，是指依托公共网络或专用网络在收付款人之间转移货币资金的行为，包括货币汇兑、互联网支付、移动电话支付、固定电话支付、数字电视支付等。本办法所称预付卡，是指以营利为目的发行的、在发行机构之外购买商品或服务的预付价值，包括采取磁条、芯片等技术以卡片、密码等形式发行的预付卡。该办法所称银行卡收单，是指通过销售点（POS）终端等为银行卡特约商户代收货币资金的行为。《非金融机构支付服务管理办法》是第三方支付的重要监管法规。

2. P2P 网络小额信贷法规

2011 年 8 月 23 日,银监会发布《关于人人贷有关风险提示的通知》(银监办发〔2011〕254 号),该通知指出在当前银行信贷偏紧情况下,人人贷信贷服务中介公司呈现快速发展态势。这类中介公司收集借款人、出借人信息,评估借款人的抵押物,如房产、汽车、设备等,然后进行配对,并收取中介服务费。有关媒体对这类中介公司的运作及影响做了大量报道,引起多方关注。对此,银监会组织开展了专门调研,发现大量潜在风险并予以提示。由此可见,该通知只是对人人贷的一个风险提示文件。

在 2013 年 11 月 25 日举行的九部委处置非法集资部际联席会议上,央行对 P2P 网络借贷行业非法集资行为进行了清晰的界定,主要包括三类情况:资金池模式、不合格借款人导致的非法集资风险以及庞氏骗局。

3. 众筹融资法规

美国证券交易委员会(SEC)近期批准了对众筹融资进行监管的草案,面向公众的众筹融资在 2012 年年初得到《促进创业企业融资法案》(Jumpstart Our Business Startups Act,简称 JOBS 法案)的认可,即在互联网上为各种项目、事业甚至公司筹集资金得到法律确认。这是美国政府对众筹融资进行监管的重要措施。

2013 年 9 月 16 日,中国证监会通报了淘宝网上部分公司涉嫌擅自发行股票的行为并予以叫停。叫停依据是《国务院办公厅关于严厉打击非法发行股票和非法经营证券业务有关问题的通知》(国办发〔2006〕99 号)规定:"严禁任何公司股东自行或委托他人以公开方式向社会公众转让股票。"至此,被称为中国式"众筹",即利用网络平台向社会公众发行股票的行为被首次界定为"非法证券活动"。虽然众筹模式有利于解决中小微企业融资难的顽疾,但考虑到现行法律框架,国内的众筹网站不能简单复制美国模式,必须走出一条适合中国国情的众筹之路才更具现实意义。

依据《最高人民法院关于审理非法集资刑事案件具体应用法律若干问题的解释》的规定,众筹模式在形式上几乎很容易压着违法的红线，即未经许可、通过网站公开推荐、承诺一定的回报、向不特定对象吸收资金，构成非法集资的行为。美国为众筹立法，我们可借鉴美国的 JOBS 法案对众筹模式进行规范，但还须一个循序渐进的过程。

4. 虚拟货币法规

2009 年 6 月 4 日，文化部和商务部联合发布了《关于加强网络游戏虚拟货币管理工作的通知》（文市发〔2009〕20 号），该通知规定要严格市场准入，加强对网络游戏虚拟货币发行主体和网络游戏虚拟货币交易服务提供主体的管理。从事"网络游戏虚拟货币交易服务"业务须符合商务主管部门关于电子商务（平台）服务的有关规定。除利用法定货币购买之外，网络游戏运营企业不得采用其他任何方式向用户提供网络游戏虚拟货币。2009 年 7 月 20 日，文化部发布《"网络游戏虚拟货币发行企业""网络游戏虚拟货币交易企业"申报指南》为开展经营性互联网文化单位申请从事"网络游戏虚拟货币发行服务"业务的申报和审批工作提供可操作性指导规则。

2008 年 9 月 28 日，国家税务总局《关于个人通过网络买卖虚拟货币取得收入征收个人所得税问题的批复》（国税函〔2008〕818 号），明确了虚拟货币的税务处理，即个人通过网络收购玩家的虚拟货币，加价后向他人出售取得的收入，属于个人所得税应税所得，应按照"财产转让所得"项目计算缴纳个人所得税。

总之，一系列监管措施的出台使得虚拟货币的监管得到进一步明确，但是监管措施还仅仅局限于游戏里的虚拟货币。

5. 互联网银行法规

2001 年 6 月 29 日，中国人民银行发布《网上银行业务管理暂行办法》（人民银行令〔2001〕第 6 号），但是 2007 年被废止。

2006 年 1 月 26 日，中国银监会颁布《电子银行业务管理办法》（银监会令〔2006〕5 号），该办法所称电子银行业务，是指商业银行等银行业金融机构利用面向社会公众开放的通讯通道或开放型公众网络，以及银行为特定自助服务设施或客户建立的专用网络，向客户提供的银行服务。电子银行业务包括利用计算机和互联网开展的银行业务（以下简称网上银行业务），利用电话等声讯设备和电信网络开展的银行业务（以下简称电话银行业务），利用移动电话和无线网络开展的银行业务（以下简称手机银行业务），以及其他利用电子服务设备和网络，由客户通过自助服务方式完成金融交易的银行业务。《电子银行业务管理办法》是互联网银行的重要监管法规。

6.互联网保险法规

2011 年 9 月 20 日，中国保监会发布《关于印发〈保险代理、经纪公司互联网保险业务监管办法（试行）〉的通知》（保监发〔2011〕53 号），该办法的制定目的是促进保险代理、经纪公司互联网保险业务的规范健康有序发展，切实保护投保人、被保险人和受益人的合法权益。2012 年 5 月，中国保险监督管理委员会发布《关于提示互联网保险业务风险的公告》（保监公告〔2012〕7 号），对互联网保险业向广大投保人进行了风险提示。此外，2011 年 4 月 15 日，保监会发布《互联网保险业务监管规定（征求意见稿）》（保监发〔2015〕69 号），互联网保险监管规定也将在不久的将来得到进一步完善。

总之，互联网金融创新层出不穷，互联网金融的创新意味着新的金融模式的出现，也意味着需要新的监管法规。况且，当前互联网金融的监管法规尚不完善，有些互联网金融模式已经出现，但是相关监管规定还处于滞后状态，即监管空白。期待监管机关尽快完善互联网金融相关领域的监管。

第三节 浙江省互联网金融法律治理面临的困难及其对策

一、浙江省互联网金融法律治理面临的困难

近年来，互联网金融异军突起、迅猛发展，特别是 2013 年以来，互联网金融已成为金融领域乃至全社会普遍关注的热点之一。包括第三方支付、P2P 网贷、大数据金融、在线理财产品、电子商务企业融资在内的众多互联网金融业务模式层出不穷。党的十八届三中全会提出，要完善金融市场体系，鼓励金融创新，丰富金融市场层次和产品。互联网金融正是这些特色的体现，它不仅为个人及小微企业提供了更灵活的融资机会，也为传统金融市场提供了更有效的改善补充渠道，同时还蕴藏了巨大的创新力量。但是，要真正推动我国互联网金融行业健康、有序发展，促进互联网金融企业持续有效合法经营，规范约束互联网金融参与者的不当行为，不能光靠行业自律组织来实现，还需依赖政府各级有关部门，尽快出台和完善与互联网金融相关的法律法规，从法律层面来规范互联网金融行业发展，保障互联网金融消费者权益不受侵害，促进我国金融市场更加繁荣发展。

现阶段，我国互联网金融行业亟待解决的主要问题包括：行业准入门槛过低，互联网金融企业数量急剧增多，业务经营实力、风险管控能力参差不齐；行业监管主体不明确，法律法规监管政策不完善，违法违规现象频发；网络技术安全存在隐患，个人权益保护力度不够等等。具体的方面有。

（一）互联网金融疯狂生长而忽视了风控问题

第三方支付、P2P 网络贷款、无抵押贷款、众筹融资、网络化金融机构、互联网金融门户网站等多元化模式，像雨后春笋般蓬勃生长，让人们真切地感受到互联网金融时代已经到来。当前的 P2P

市场是民间高利贷的网络版,历史上的经验告诉我们,金融活动往往会带来巨大的风险。当市场增长掩盖一切,风险不容易显现,但长期下来,平台的内伤会随着市场的膨胀而加重,一旦互联网金融平台风险失控,对于平台来说将会是巨大的灾难。

(二)P2P各路资本跑马圈地

尽管乱象丛生,倒闭跑路者比比皆是,但P2P的市场热度却丝毫没有冷下来的迹象。P2P由于形势所迫,行业竞争上要求做大做强,政策环境上要“傍大腿”,吸引更多资金的进入无疑会大大提高P2P的实力,但同时也快速地把P2P的蓝海市场逼至了红海。

(三)众筹的法律问题

众筹有风险,进入需谨慎。目前股权制众筹模式在形式上似乎已经同时满足了四个要素,即未经审批、通过网站公开推荐、承诺股权、向不特定对象吸收资金。这些投资入股的形式不是非法吸收资金,却不符合“非法吸收公众存款罪”的内容。

(四)第三方支付“走正道”

关于第三方支付,2014年比较频繁的两个词就是“叫停”和“罚”。面对“越改越乱”的第三方支付市场,一方面是行业竞争的加剧导致有的企业不惜兵行险招,造成行业乱象;一方面却是要时刻小心拿着大棒的央行叫停开罚单。估计未来大波浪曲线前进的节奏不会有太大改变。

(五)互联网理财的法律问题

2014年“宝”类产品经过一番雨后春笋的时期后,全体面临收益滑铁卢,而银行的理财产品则在收益方面逐渐占据优势。竞争越来越激烈,有的产品就开始“不走寻常路”了,也实在是让人费解。大众理财的需求是很多的,2015年互联网理财已经逐渐走向稳定、沉寂。

(六)货币政策风险

互联网金融当前并没有中央银行的存款准备金制度的具体管

理和约束，但是却可以调动并运用闲散的社会资金，通过信用等级的策划实现信用扩张和资金融通，并没有计入国家的货币分类，也没有被算入社会的融资，造成国家整体的货币供应量无形中被扩大；带来融资行为“脱媒”，造成银行在货币政策传导方面的信贷渠道作用下降，带来我国货币工具效果的削弱；网络信贷资金流向缺乏有效监管，削弱信贷结构调整政策的效力等。

（七）信息共享弱

互联网金融企业、机构之间的信用信息是基于内部的整理和共享，与其他企业不交换信息，不同网络金融企业的信用信息只供自己内部使用，降低了信息社会大众的信用信息的使用效率，还可能给黑客等提供了可能的犯罪机会。现在的互联网金融机构各自为政，与我国人民银行的征信系统是不连接的，那么很多企业和个人的信用审查的依据是极其有限的，只能依靠本身已有的资源，无法实现多种信息资源的使用，或者进行信用信息的衔接，在金融业务的决策中造成信息不对称。

（八）系统性风险

为了增强用户信心，给用户带来更多保障，我国的很多互联网金融机构都将自己的信用加入其中，如设置了出资人的保本条款，在支付宝中曾经出现“你敢付，我敢赔”的承诺，把用户风险转化到中介信用机构的风险上，这种带有信用附加的风险收入行为，会给互联网金融机构的生存带来极大的不确定因素。在我国的金融监管机构没有相应的监管体系的现状下，互联网金融的系统运作极易引发局部系统性风险。

（九）互联网金融风险控制是重中之重

现在大多数的网络贷款例如 P2P 都是没有抵押、进行非常有限的尽职调查，无法完全利用银行间的征信系统，虽然不排除有优质的借款人在利用这些平台，但其本性却是门户大开，也一定会吸引大量的骗子。因此，如果客户选择隐瞒，那么借贷机构将难以查到客户是否在民间金融机构有“多头授信”，即难以摸清客户借贷总量。包括银行在内，对中小企业授信也面临这一难题。

当前，仍存在一些制约浙江省电子商务发展的现实问题：电子商务产业政策支持力度不足，与广东省、深圳市、上海市等省市存有较大差距；部分管理机构缺乏创新意识，未形成适合电子商务模式的有效管理机制；电子商务要素支撑尚不健全，大多数 B2B 交易尚未实现商流、物流、信息流和资金流合一，大宗商品电子商务应用与服务仍处于网上信息发布、信息沟通、线下交易的层面；电子商务发展的法制环境较为缺失，网商对自身法律地位及税收征管存在较大的担忧；跨境贸易电子商务发展仍面临瓶颈制约，亟待在省级层面率先实现突破等等。

二、浙江省互联网金融法律治理的对策

互联网金融是传统金融与以互联网为代表的现代信息科技相结合的新兴领域。互联网通过对交易对象、交易方式、金融机构、金融市场以及制度与调控机制五要素进行重塑，极大地改变了传统金融业的存在方式和运行模式。但无论如何，互联网金融改变不了金融行业的货币创造原理、信用机制等核心特征，它仍将遵循金融行业的运行规则。本质上，互联网金融与传统金融无区别。面对互联网金融加速发展的趋势，结合发展中可能出现的各种问题，要尽快明确监管法律主体，有针对性地立法、监管已迫在眉睫。

（一）加速互联网金融规制、条例和立法进程

从法律法规层面上规范发展互联网金融，是实现互联网金融健康发展的基础。目前没有专门针对互联网金融进行规范的法律法规。因此，建议尽快从规制、条例、法律、法规层面对互联网金融的定义、机构形式、业务范围、监督管理和法律责任等方面进行界定管理。

第一，加快互联网金融的法律体系建设。在充分尊重互联网金融自身发展规律的基础上，从法律层面界定互联网金融问题，确定互联网金融发展方向。制定互联网金融的基础性法律法规，规

范界定互联网金融的经营范畴和监督管理主体等问题。修订和完善现有的金融法律法规,包括商业银行法、保险法、证券法和银行监督管理法等,使之与互联网金融的基础性法律法规相协调。完善与互联网金融相关的配套法律体系,包括互联网金融市场的资金监管机制、交易者的身份认证、个人信息保护、电子合同有效性确认、诈骗及洗钱等违法犯罪行为惩处多方面的法律法规。对涉及互联网金融发展的框架性、原则性内容进行细化立法,完善互联网金融法律法规体系建设,确保互联网金融的发展有法可依,和谐规范。

第二,促进相关部门规章和国家标准的制定。在立法条件不成熟情况下,由国务院在综合有关部门意见基础上,制定互联网金融的相关部门规章,发布互联网金融行为指引文件和国家标准,为互联网金融平台运营商、出借人、借款人等相关参与者提供具体化的规范引导,对互联网金融的市场定位、组织形式、业务范围、监督管理和风险责任等进行规范。

(二)明确监管主体,完善互联网金融监管体系建设

第一,明确行业监管主体,提高部门间协调监管效率。现阶段,互联网金融实行的是分业监管政策。作为新型的金融模式,互联网金融的发展突破了银行业、证券业、保险业分业经营的界限,在分业监管政策下互联网金融的很多监管工作没有做到位。因此,建议在梳理互联网金融各项业务经营特点及认定标准的基础上,明确设立互联网金融企业与业务的监管主体,通过组建专门的互联网金融监管机构,专职履行互联网金融监管职责,做到监管有序、权责分明。此外,互联网金融经常会涉及跨地域、跨行业和跨国境的交易行为。单靠一个部门、一个地区甚至一个国家的力量远不可能实现全面有效的监管。因此,要加强互联网金融监管主体与其他金融监管部门间的合作,包括央行、银监会、证监会、保监会等部门;要加强我国互联网金融监管主体与其他国家或地区的互联网金融监管主体的合作,实现国际互联网金融协调监管。

第二,建立网上监控平台,强调统一的非现场监管政策。互联网金融具有金融虚拟化、交易简便快捷的特点。随着互联网技术的快速发展,互联网金融交易的时间将更加缩短,交易频率将获得更大提升,这将使得传统金融的现场检查手段很难再有更多用武之地。因此,互联网金融监管中要重视加强非现场网上监管技术的运用,建议开发建立统一的网上监控平台,对互联网金融数据进行集中管理,从而实现对互联网金融的实时监管。

第三,提高行业准入门槛,建立风险监测和预警机制,防止互联网金融成为新的风险源。互联网金融服务的主要对象是个人及小微企业,看似门槛很低,但却需要巨大的资金投入与高超的风险管控能力。因此,要加强对互联网金融企业经营资质的审核,设定一定的行业技术门槛,通过核发经营牌照、要求缴纳保证金等手段来规范互联网金融行业经营秩序。互联网金融行业具有技术相对密集、参与人员众多、跨区域发展等特点,一旦陷入信用危机泥潭,将可能引发事关社会稳定的重大问题,因此要建立互联网金融行业的风险预警机制及相应的风险应急处置预案。特别是,对非法互联网金融平台、高风险互联网金融产品等信息更应该及时向投资参与者进行风险预警,并采取有效措施进行风险化解。

第四,推进实名制建设,纳入统一的央行征信管理体系。互联网金融行业的健康发展需要一个良好的金融生态环境。国内个人及小微企业的信用评价体系建设尚未健全,绝大多数的互联网金融企业尚未接入央行个人征信系统,要准确获知借款人的信用状况需额外付出较高成本。另外,由于网络的虚拟性和没有征信系统的约束,互联网金融更容易产生欺诈和欠款违约的纠纷,投资人的资金安全难以得到保证。因此,建议加强互联网金融生态环境建设,推行互联网身份认证、网站认证和电子签名等实名制度,确保互联网金融参与者实名制;同时,将互联网金融企业纳入央行征信管理体系,这不仅规范了互联网金融企业的信用评级体系建设,更可利用其平台上的交易数据来充实完善央行征信管理信息。

（三）加强互联网金融消费者权益保护

互联网金融参与者人数众多、涉及面广。如果互联网金融消费者的权益保护问题得不到及时妥善的处理，将对金融市场和经济环境造成较大冲击，甚至影响到整个社会的和谐稳定。因此建议加强对互联网金融消费者权益保护。

第一，建立完善的互联网金融投诉机制，确保消费者投诉受理渠道畅通。建立全国统一的互联网金融消费者权益保护投诉平台，包括网络举报、电话投诉等多种直接对接手段，并配备专业、专职人员进行专门管理，确保消费者投诉受理渠道畅通。

第二，设立互联网金融信息咨询中心，引导消费者树立正确的投资理念，为互联网参与者提供互联网金融机构、业务产品和理财投资等咨询服务。开展互联网金融投资消费的教育活动，引导消费者树立正确的投资理念，提高消费者的风险意识和自我保护能力。

作为互联网金融领域的创新与发展最为迅猛的省份，浙江省开始向规范该行业迈出关键性的一步。2015 年 1 月 22 日，经省政府同意，浙江省金融办、人行杭州中心支行、银监会浙江监管局、证监会浙江监管局、保监会浙江监管局正式发布了《浙江省促进互联网金融持续健康发展暂行办法》（以下简称《办法》）以促进浙江省互联网持续健康的发展，把浙江省打造成全国互联网金融创新中心。

《办法》强调互联网金融应当严守法律底线，并对第三方支付机构、P2P 网络借贷平台、股权众筹融资平台、金融产品网络销售平台分别提出了应遵守的主要规则，并强调互联网金融应有效保障信息科技安全。《办法》还支持筹建行业协会，加强行业自律，并以此为基础，推进行业公共信用信息平台建设，建立大数据行业信用体系；建立第三方监测评价机制，设立行业“黑名单”；探索建立同业互助保障基金。

《关于促进互联网金融健康发展的指导意见》（银发〔2015〕221

号）（以下简称《指导意见》）是由央行会同有关部委牵头、起草、制定的互联网金融行业“基本法”，2015 年 7 月 18 日对外发布。《指导意见》按照“鼓励创新、防范风险、趋利避害、健康发展”的总体要求，提出了一系列鼓励创新、支持互联网金融稳步发展的政策措施，积极鼓励互联网金融平台、产品和服务创新，鼓励从业机构相互合作，拓宽从业机构融资渠道，坚持简政放权和落实、完善财税政策，推动信用基础设施建设和配套服务体系建设。《指导意见》按照“依法监管、适度监管、分类监管、协同监管、创新监管”的原则，确立了互联网支付、网络借贷、股权众筹融资、互联网基金销售、互联网保险、互联网信托和互联网消费金融等互联网金融主要业态的监管职责分工，落实了监管责任，明确了业务边界。

三、互联网金融行业未来发展趋势

从 2006～2015 年 9 月，全国目前正在运营的互联网金融平台约有 2 700 多家，短短几年时间里，国内互联网金融行业获得迅猛发展。这对于缓解我国小微企业融资困难、引导民间金融走向规范化、扩大社会消费、促进金融产品创新等方面都产生了积极而深远的影响。但同时，由于国内信用体系不健全、监管主体不到位、平台风险管理控制能力有待提高等多方面原因，国内互联网金融平台跑路现象也频频出现，且有愈演愈烈之势。那么未来互联网金融行业有何发展趋势？

1. 强化政府和行业监管是必然趋势

从 2014 年 7 月银监会首提互联网金融从业者“五注意”，9 月底银监会对互联网金融行业提出监管的“十原则”，2015 年 7 月由央行会同有关部门委发布《关于促进互联网金融健康发展的指导意见》（银发〔2015〕221 号）。一系列快节奏的政策动向显示了国家强化互联网金融行业监管、规范其健康有序发展的决心。

众所周知，政府监管和行业协会自律约束相结合的监管方式，是国际金融市场一般通行的监管模式。在未来，我国将利用大数据挖掘，对用户跨平台交易进行预测，并作为用户过度负债的前置风控。有专家指出，对于造成平台倒闭潮最重要的拆标、假标、秒标、高利率、平台自融等行为，在大数据监测下将无处藏身。

2.农村和三四线城市互联网金融市场潜力巨大

目前国内一二线城市的互联网金融市场已经较为成熟，尤其是一线城市的互联网金融投资、投资理财服务竞争已经十分激烈。而国内三四线城市和广大农村地区，其融资渠道相对更为缺乏，融资需求更为迫切，市场潜力和发展空间将更大。

3.平台与第三方支付结合是出路

反思国内互联网金融平台跑路的缘由，设立资金池是主要原因，即平台上众多出借方把钱汇集在一起形成一个池子，由互联网金融平台统一调拨以匹配贷款标的，这容易出现跑路事件。而从根本上规避资金池现象，就要采用“互联网金融＋第三方支付”的模式，即借款人和贷款人分别在第三方支付平台上设立账户，借款人通过第三方支付平台把钱划转至贷款人的账户，这样模式下的互联网金融平台并不具备汇集和调拨资金的功能，只发挥中介的作用。这种平台与第三方支付结合的模式是目前互联网金融发展的大势所趋。

4.行业细分化，产品精细化、专业化

目前国内银行系、国资系、上市公司系、民营系以及互联网系五大互联网金融阵营已经形成。在竞争云集的互联网金融丛林中，互联网金融平台产品线过长未必是好事，因为互联网金融行业细分化是未来发展趋势。在产品布局上，利用各自的优势走差异化路线，形成精细化、专业化特色是未来的可行选择。

5.互联网金融平台征信数据化

风险控制能力是互联网金融平台的核心竞争力，未来互联网金融平台的风险控制核心在于建立数据化风控模型，采用大数据分析来判断个人或企业还款能力等，这就需要互联网金融平台建立数据化的征信系统。通过技术创新，实现征信自动化、数据化，提炼用户的个人基本特征、消费行为特征等，利用社交活动所形成的数据分析来客观评价一个人的信用度，从而判断其还款能力和欺诈风险。通过采集借款人各个维度的数据判定其违约成本,并给出可以贷款的额度和相应的风险定价。

6.移动端将取代电脑端,投资便捷化、移动化

随着移动互联网的发展,手机 APP 将逐步取代传统 PC 端。对于手机应用来说,一方面体现其便捷性,带来更好的用户体验;另一方面对互联网金融平台来说,便于企业宣传自身产品和服务,也更便于通过锁定手机号码来开发客户。

第七章 浙江省电子商务治理成就之四:消费者权益保护

第一节 浙江省网络购物发展状况

一、浙江省网络购物的蓬勃发展

浙江省作为电子商务发展的主要大省之一,电子商务的发展突飞猛进。据电子商务研究中心报告:2013 年,浙江省网络零售总额 3 821.25 亿元,同比增长 88.48%;省内居民网络消费 2 261.98 亿元,同比增长 73.26%;网络零售过亿的企业达 100 多家。2014 年来,浙江省电子商务在政策的引导下,电子商务的市场规模不断扩大,电子商务的营运模式已经成为浙江省经济增长的支撑点之一,阿里巴巴、淘宝网的发展更是促进了浙江省网购事业的发展;据悉 2014 年浙江省将组织 5 000 家实体企业快速发展,团购、网上竞拍等新型业态不断涌现;杭州市、金华市分别被评为“中国电子商务之都”和“中国电子商务创业示范城市”,拥有全球最大 B2B 平台、C2C 平台和第三方支付平台及一大批全国领先的行业电子商务平台,浙江省也因此成为中国电子商务大省。①

据《浙江省 2015 年 1 至 5 月网络零售统计数据分析报告》显示:从地区消费来看,杭州市网络零售 838.33 亿元稳居第一位,占全省网络零售的 36.41%;金华市网络零售达 410.76 亿元,占全省网络零售的 17.84%,排名第二;温州市、嘉兴市紧跟其后,网络零

---

① 中国电子商务研究中心:《盘点:2013 年浙江省电子商务发展概况与数据》,http://b2b.toocle.com/detail-6163170.html,2015 年 9 月 5 日访问。

售分别占全省的 11.12%和 11.07%;前四名均超出全省网络零售平均水平(208.96 亿元),累计占比重 76.44%。总体来看,浙江省各地市网络零售继续保持着增长,但地区之间仍存在差异;从各地市居民网络消费情况来看,区域之间居民网路消费理念差距较大,其中杭州市居民网络消费最高,达 345.51 亿元,占全省居民网络消费的 27.87%;宁波市位居第二,居民网络消费达 182.27 亿元;温州市名列第三,居民网络消费达 176.37 亿元;丽水市、舟山市、衢州市三市消费水平较低,居民网络消费分别为 31.04 亿元、24.92 亿元、22.38 亿元,占比分别为 2.51%、2.01%、1.8%;研究发现,网络消费水平与各地的常住人口数、人均收入、地区发展状况密切相关;杭州市、宁波市、温州市在这些方面占很大的优势,而丽水市、舟山市、衢州市由于农村地区较多、收入水平低、经济发展较为缓慢等原因,居民网络消费整体规模偏低。①

总之,从以上浙江省电子商务的发展以及网络零售的情况来看,浙江省电子商务的发展走在全国的前端,尤其是居民的网购消费发展尤为迅速。

二、网购消费的特点

电子商务的快速发展带动了网络购物的发展,网络购物已经融入人们的生活。网络购物与传统的购物相比具有虚拟性、便捷性、全球性、技术性以及风险性。

(一)网络购物的虚拟性

所谓的网上购物就是通过互联网技术在虚拟市场上进行的商品交易。传统的购物主要是体现在一手交钱一手交货上,消费者可以真实地感受到物品的质量,经营者可以直接拿到钱,具有很强的真实存在感;而网上购物则不存在一手交钱一手交货的特征,其

① 中国电子商务中心:《浙江省 2015 年 1—5 月网络零售统计数据分析》,http://www.100ec.cn/detail—6258174.html,2015 年 9 月 5 日访问。

所在交易平台、交易手段、支付手段都是虚拟的，消费者和经营者都是互相不见面，通过互联网技术进行交易。

（二）网络购物的便捷性

网络交易使消费者通过互联网与网上经营者达成买卖意思，消费者通过网上下单、支付完成一系列交易过程便已经购物成功。只要消费者想进行交易，随时随地都可以打开互联网进行网页浏览和搜索，不必亲自到商场购物，这大大地节省了人力、物力资源，缩短购物时间和空间，降低了交易成本，具有很大的便捷性。

（三）网络购物的全球性

网络具有无国界性的特征，通过网络购物即便不出门也能买遍全球。网络的虚拟性决定了网络购物的无限制性，地域无限制、时间无限制。目前，随着跨境电商的不断发展，网络购物的全球性体现得更为明显。

（四）网络购物的技术性

网络购物是通过互联网信息技术进行的，这需要一定的技术条件作支撑。例如互联网的硬件设施、网上购物以及电子支付手段只有在互联网信息设备达到一定程度才能执行。总之，网络购物是建立在技术之上的。

（五）网络购物的风险性

网络是虚拟的世界，在网上购物存在一定的风险性。这里的风险主要包括两类：第一，交易的风险性；第二，个人信息泄露的风险性。网络购物交易中多依靠技术，例如电子签名、密钥等，但是这些技术在网络交易中可能存在某些漏洞或者在交易过程中出现网络故障都可能导致交易不安全。除此之外，网络的风险性还体现在个人信息的泄露上。在购物过程中会出现填写地址、姓名、电话号码等相关的个人信息，在支付过程中会绑定个人银行卡或者支付宝，而这些个人信息在网络上的保障并不健全，如果遭遇 IP 地址追踪、黑客等情况，个人的隐私和财产将会受到威胁。

第二节　浙江省电子商务中消费者权益保护的成就

一、浙江省电子商务中消费者权益保护的国家干预成就

(一)浙江省电子商务立法的相关规定

2004年浙江省实施《〈中华人民共和国消费者权益保护法〉办法(修正)》(以下简称《办法》),《办法》对消费者的权利、义务和经营者的责任都给予了相关的规定,而关于网络消费者的保护具体体现在《办法》的第十四条规定的网购七天无理由退货,即经营者以邮售、电视直销、网上销售等方式推销商品的,应当保证商品的质量、性能等与广告宣传相一致,并按照承诺的时限提供商品;以上述方法购买的商品,与广告宣传不一致或者有质量问题的,消费者可以自收到商品之日起七日内退货,经营者应当承担消费者必须支付的合理费用,并不得向消费者收取商品折旧费。明确网上消费者七天无理由退货的法律保障。

2007年《浙江省广告管理条例》第9条第4款邮购商品广告应当在显著的位置标明广告主的真实姓名或者名称、详细地址、联系时间和方式、收到汇款后寄出邮购商品的时限;第二十四条经营性互联网信息服务提供者为他人发布网络广告的,应当向广告监督管理机关申请办理广告经营登记。非经营性互联网信息服务提供者所拥有的网站或者主页中不得出现介绍他人商品或者服务的广告内容。互联网信息服务提供者应当接受广告监督管理机关的广告监督检查和指导,如实向广告监督管理机关提供有关广告的信息及数据,协助查处广告违法行为,采取措施停止违法广告内容的传播。第二十五条未经电子邮件接收者明确同意,不得向其发送商业广告类电子邮件。

2008年浙江省经济贸易委员会、省财政厅《关于实施万家企业

电子商务推进工程的通知》(浙经商贸发展〔2008〕436号)指出打造全省综合性电子商务平台,免费开展"旺铺"电子商务服务体验活动,促进电子商务的发展。

2011年浙江省商务厅《关于继续做好"浙江省外贸出口企业网上展示实样寄送电子商务应用促效工程"的通知》(浙商务综发〔2011〕14号),指出"创业富民、创新强省"总战略。创新贸易模式,将电子商务应用与出口产业的传统优势相结合,是为了帮助我省企业深度开拓日本市场而采取的一项创新举措。

2011年浙江省人民政府《关于印发浙江省电子商务产业"十二五"发展规划的通知》(浙政发〔2011〕45号)指出,电子商务是依托现代信息技术进行的新型商务活动。而"十二五"时期是我省加快经济发展方式转变的关键时期,进一步巩固和发展电子商务的先发优势,会对我省开拓国际国内市场、改善人民生活、快经济转型升级以及提升综合实力具有重要意义。

2012年浙江省人民政府发布《关于进一步加快电子商务发展的若干意见》(浙政发〔2012〕24号),指出电子商务在全球范围内正以前所未有的速度迅猛发展,并逐步向研发、生产、流通、消费等实体经济活动渗透,成为引领生产生活方式变革的重要推动力。为加大对电子商务的支持力度,营造良好的环境,推进全省电子商务加快发展,提出使电子商务快速发展的意见。

2013年浙江省人民政府办公厅发布《浙江省电子商务拓市场实施方案》(浙政办发〔2013〕115号),指出加快推进"电商换市"工程,进一步推动我省企业利用电子商务开拓国内市场,扩大浙货销售,优化流通环节,提高流通效率,全面提升浙货的市场占有率和竞争力,制定电子商务的具体实施方案。

2014年浙江省科学技术厅、浙江省知识产权局《关于印发〈浙江省电子商务领域专利保护工作指导意见(试行)〉的通知》(浙科知发〔2014〕185号),对互联网知识产权提出了保护。

2015年浙江省人民政府《关于印发中国(杭州)跨境电子商务综合试验区实施方案的通知》(浙政函〔2015〕65号),指出建设中国杭州跨境电子商务综合试验区,跨境电子商务创业创新中心:积极推进贸易方式创新和政府管理创新,吸引电子商务企业和个人到综合试验区创业创新、集聚发展,成为“互联网+”发展的新示范和大众创业、万众创新的新渠道。跨境电子商务服务中心:通过建立完善的供应链综合服务体系,为跨境电子商务企业提供便捷高效的金融、物流、信用、人才、数据等综合服务,构建良好的跨境电子商务发展生态环境。跨境电子商务大数据中心:通过汇聚海量的跨境电子商务数据,建立大数据应用平台,打造跨境电子商务大数据交换整合和研究利用中心,为跨境电子商务发展提供强大的大数据信息服务。

(二)浙江消费者保护的相关规定

2004 年浙江省实施《〈中华人民共和国消费者权益保护法〉办法(修正)》,该文件对消费者的权利、义务和经营者的责任都做出了相关的规定,同时还包括了网上购物消费者的相关保护问题,即七天无理由退货,明确网上消费者七天无理由退货的法律保障。

2005 年为鼓励和保护公平竞争,制止和查处不正当竞争行为,保护经营者和消费者的合法权益,浙江省人大常务委员会制定了《浙江省反不正当竞争条例》以保护消费者的合法权益。

2005 年《浙江省产品质量监督管理条例(修正)》为了加强对产品质量的监督管理,明确产品质量责任,保护用户和消费者的合法权益而制定本条例。

2005 年《浙江省餐饮行业经营规范及消费争议处理暂行办法》,规范餐饮业经营者的经营行为,公平、公正、及时处理餐饮行业消费争议,促进餐饮行业的健康发展,维护消费者和经营者的合法权益。

2005 年《浙江省家具商品修理更换退货责任规定(试行)》第七条三包有效期自交货之日起计算,扣除因返厂修理和待修占用的时间。三包有效期消费者凭有效购物凭证及三包凭证办理修理、更换、退货。第八条产品自交货之日起 30 日内,发生严重质量问题，消费者可以选择退货、换货或修理。退货时，应当按原购买价格一次性退清货款。第九条产品自交货之日起 60 日内，发生严重质量问题，消费者可以选择换货或修理。换货时，应免费为消费者调换同规格型号、同样式的产品或同等价值的相似产品。第十条在三包有效期内，同一严重质量问题，修理两次仍不能正常使用的产品，凭修理记录和有关证明，为消费者免费调换同规格型号、同样式的产品或同等价值的相似产品，或按本规定第十二条退货。

2006 年《浙江省大件商品目录和相关费用标准暂行规定》，为落实商品“三包”责任，切实保护消费者的合法权益而对大件商品进行规定。

2006 年《浙江省鞋类商品三包暂行办法》，保护消费者合法权益，明确鞋类经营者应承担修理、更换、退货（以下简称为“三包”）的责任和义务，促进鞋类商品和售后服务质量的提高。本办法实行谁销售谁负责“三包”的原则，销售者与生产者、销售者与供货者、销售者与修理者之间订立的合同，不得免除本规定的“三包”责任和义务。

2007 年《浙江省广告管理条例》第 9 条第 4 款邮购商品广告应当在显著的位置标明广告主的真实姓名或者名称、详细地址、联系时间和方式、收到汇款后寄出邮购商品的时限；第二十四条经营性互联网信息服务提供者为他人发布网络广告的，应当向广告监督管理机关申请办理广告经营登记。非经营性互联网信息服务提供者所拥有的网站或者主页中不得出现介绍他人商品或者服务的广告内容。互联网信息服务提供者应当接受广告监督管理机关的广告监督检查和指导，如实向广告监督管理机关提供有关广告的信息及数据，协助查处广告违法行为，采取措施停止违法广告内容的传播。第二十五条未经电子邮件接收者明确同意，不得向其发送商业广告类电子邮件。

2011 年《浙江省“三包”商品目录（修订）》对三包的商品、保修年限进行具体的规定，保护消费者的权益。

2014 年《浙江省珠宝饰品行业经营服务规范》规范浙江省境内

贵金属饰品、珠宝玉石饰品经营服务行为，保护消费者和经营者的合法权益，促进行业健康发展。

二、浙江省电子商务中消费者权益保护的行业自律成就

电子商务中的消费者权益保护不仅仅是消费者自己和国家关心的重要问题，也是众多网上经营者最为关注的问题，因此在消费者权益保护方面，电子商务行业也取得了一系列的成就。浙江省著名的电商阿里巴巴集团，作为全球领先的商业采购平台和国内电商行业的代表性品牌，也早已针对消费者权益保护问题出台了一系列的举措。

第一，购买带有消费者保障服务系列标识的商品，可根据相应规则要求掌柜履行其在商品页面所承诺的服务项目。如果掌柜未能实现或拒不履行其承诺，消费者可在交易成功后向淘宝网发出针对该掌柜的投诉并申请先行赔付。

第二，购买带有七天无理由退换货标识的商品，签收货物后七天内，如果不喜欢，在不影响二次销售的情况下，可要求掌柜退换。如果掌柜拒绝退换，消费者可以向淘宝发出投诉并申请先行赔付。

第三，消费者购买带有支持正品保障标识的商品，证明其掌柜为淘宝商城签约商户，并承诺不销售假货及非原厂正品商品。当消费者购买了商家的商品并认定已购得的商品为假货，则有权在交易成功十四天内按照正品保障服务规则和商城其他共识规则的规定向商城发出针对该商家的投诉，并申请正品保障赔付。

第三节　电子商务中消费者权益保护的未来发展

纵观浙江省电子商务的相关立法以及消费者保护的相关立法，并没专门针对网购消费者保护的立法，这是一个很大的问题。电子商务发展速度之快前所未有，但是在发展的过程中仍存在很多问题。根据电子商务 2014 年的报告获知当前网络销售存在很大的问题：退款问题、网络售假、虚假促销、网络诈骗、质量问题、退

换货物、订单取消、发货迟缓、账户被盗、售后服务，这些问题被称为“2014 年（上）十大网络购物热点投诉问题”。而这些问题都严重地影响了消费者的保护问题，具体如下。

（一）网上消费者保护立法不健全的问题

消费者的保护主要是依靠立法，然而从我国以及浙江省的立法审视，我国对网上消费者保护力度不够，这是消费者保护方面存在的最重要和最根本的问题。纵观浙江省对电子商务各方面的法律法规发现，浙江省目前对网络消费者的保护仅仅体现在《浙江省实施〈中华人民共和国消费者权益保护法〉办法》（2000 年修正）的第十四条关于网购消费者实行的七天无理由退货制度。而其他相关的电子商务立法中并没有体现。浙江省并没有出台关于电子商务的专门立法，网络购物消费者立法也仅仅在浙江省实施的《消费者保护法》中体现。

不仅如此，从相关保护的条文中来看，消费者权益的保护均是倡导性和禁止性的规定，没有任何惩戒性的规定，是属于法律上的软法，没有任何的威慑力。因此，建议建立电商平台企业代赔机制，当买家侵害了消费者权益，按规定应赔而不赔时，平台企业应从卖家缴纳的信誉押金或违约保证金中扣款，代替卖家先行赔付消费者，同时，按照合同法关于违约金的一般规定，设定赔付比例，体现违约金应有的威慑作用，通过加大对违法、违规、违约行为的惩罚力度，促使卖家遵守契约精神。①

（二）合同成立的问题

1. 当当网千人案介绍

2011 年 8 月 9 日，购物网站当当网推出“当当亲子团好书好礼 72 小时抢购”少儿图书的促销活动，一套 1200 元的儿童图书抢购价 55 元，网友消费者们纷纷下单订购图书，但不到一天，抢下订单

---

① 刘子烨：《电商交易法规保护消费者力度不够》，《联合时报》2014 年 1 月 3 日第 2 版。

的网友们却发现自己抢购下来并已经生成订单号的订单已经被莫名取消了。撤单事件迅速引起千名网友维权,2011 年 8 月 22 日,由于众多消费者投诉,北京市东城工商分局向当当网核实事件,并发出行政告诫书。当当网解释:网站工作人员录入有误,致使折扣标准成为销售价款。也就是说,消费者们抢到的订单上的图书价格明显偏低。徐女士等 6 名消费者将当当网诉至法院,他们认为,当当网单方取消订单的行为构成违约,要求当当网履行网络购物合同,交付所购订单书籍,赔偿相应损失。而当当网则以重大失误为由拒绝承担责任。

本案件的承办法官王子龙认为,购物网站与消费者合同成立的标准,就看网站方面是否对订单予以确认。目前,各个网站确认订单规则不同。在本案中,当当确实有"难处":低价图书数量有限,一下子无法满足成千上万消费者的需要。王子龙说,他们在对证据进行详细确认后,之所以支持消费者的要求,就是因为胜诉消费者,都收到了当当网的订单确认邮件。这意味着当当网对消费者的购买行为进行了确认。"当当此后反悔不发货,不论什么原因,在法理上站不住脚,对消费者也不公平"。当当网千人维权案引发了一个问题:电子合同的成立时间?在我国合同的成立涉及要约、要约邀请已经承诺的问题。

2.电子合同的成立要件

(1)要约与要约邀请。《合同法》的承诺又涉及法律上的两个专业名词,即要约和要约邀请。《合同法》中的要约是希望与他人订立合同的意思表示,该意思表示符合两个条件:①内容具体确定;②表明经受要约人承诺,要约人即受该意思表示约束。例如网上广告"出售计算,第一个买者另送 2000 元",该内容就属于要约[①],消费者只要买下就视为合同成立。我国《合同法》第 15 条规定:要约邀请是希望他人向自己发出要约的意思表示。寄送的价

① 刘满达:《电子交易法研究》,知识产权出版社 2004 年版,第 4 页。

目表、拍卖公告、招标公告、招股说明书、商业广告等为要约邀请。商业广告的内容符合要约规定的，视为要约。网上购物最重要的是确定网页属于要约还是要约邀请的问题。一般认为，在合同没有明确规定时，网站是橱窗展示、商品目录或者广告的电子同等物。电子商家通过其条款和条件描述的是商品和价格，顾客的订单构成要约；然后，电子商家处于受要约人的地位，有权通过确认订单而接受要约（如承认收到订单或提供或出售货物或服务）或者拒绝要约。[①] 因此，这样看来网页属于要约邀请，而消费者下达订单的指令属于要约，而网络经营者接受订单属于承诺。但是，一般网购过程中消费者下达订单之后，经营者那边就会通过电子系统自动接单，这种情形应以网络经营者发货视为商家承诺，不应以系统自动接单为合同成立。

（2）承诺。我国《合同法》第二十五条规定："承诺生效时合同成立"。承诺是指合同的一方当事人向另一方当事人发出的订立合同的意思表示，而合同的另一方当事人同意此种意思表示的行为。要成为一项有效的承诺，需要备以下五个要件：①必须由受要约人向要约人做出；②必须在规定的期限内到达要约人；③承诺的内容必须与要约的内容一致；④承诺必须表明受要约人决定与要约人订立合同；⑤承诺的方式应当符合要约的要求。[②] 所以承诺一到达要约人合同即成立，此也即是承诺的法律效力。

在本案中，当当网上面的商品图片、说明以及价格和数量等信息为要约邀请，消费者在网上下单产生账单号为要约，当当网回复的确认邮件不构成承诺，而当当网在发送邮件确认发货的邮件才构成承诺。依据《合同法》第二十五条和第四十四条的规定，合同具备主体合法，意思表示真实，标的合法合同就成立了，在承诺到达并生效时，合同就生效了。因此，在网购的过程中，只有商家发

① 刘满达：《电子交易法研究》，知识产权出版社 2004 年版，第 3 页。

② 王利明、崔建远：《合同法新论》，中国政法大学出版社 2000 年版，第 155—158 页。

出了发货订单合同才成立,在此之前无论是商家还是消费者取消订单都不构成违约,不承担合同法上的法律责任。

(3)规范电子合同。电子合同问题一直是电商中的一个重要的问题。因此在立法中规范电子合同是十分必要的。大部分的网上经营者与消费者达成合同时,网页上或者在交易过程中并没有合同样式的协议书出现,因此建议网络经营者应在消费者下单时给予相应的消费协议,而消费者同意了协议后才能继续下单。大部分的网上销售的电子合同是属于格式合同的内容,应在格式合同中明确合同成立的时间和标准,以及违约后承担的法律后果等内容,并且在电子格式合同中用粗线条明确表明以提醒消费者。

(三)七天无理由退货的问题

关于网购七天冷静期的问题,第一,这是美欧等早已成熟的制度,在我国其他领域也早有先例,比如人寿保险的销售,现在各地商场的销售,基本也都是可以退换货的,有的还不止七天,因此,这个制度应该完善,而不能因噎废食;第二,直销、上门推销也应该纳入这个规定,并增加一个"法律规定的情形",以便今后可以通过像《直销管理条例》那样,通过行政法规或者规章扩大适用冷静期制度的行业。第三,冷静期有需要完善的地方,现在已经规定的根据商品不宜退货的情形是其一,恶意退货预防是其二。恶意又有两种,一是多人合谋利用规则恶意退货,比如当年淘宝商城涨租金的那次。二是消费者恶意购买退货。后者是各电商企业主要反对的理由,但实际现在已经有这种情况出现了,而且很多企业也默认了这是企业不可避免要面临的成本。当然,从制度设计层面,可以增加一个文书条款,要求恶意购买或者滥用冷静期者,要求其承担退货的费用。还有一种情况是特定时间和场合的商品不一定能适用这个规则,比如中秋节前的月饼、情人节前的鲜花巧克力,七天退货的话，前后价值差异很大，因此，应归于不能无理由退货的情形。[①]

2004年浙江省实施《〈中华人民共和国消费者权益保护法〉办法(修正)》第十四条规定的网购七天无理由退货，即经营者以邮售、电视直销、网上销售等方式推销商品的，应当保证商品的质量、性能等与广告宣传相一致，并按照承诺的时限提供商品；以上述方法购买的商品，与广告宣传不一致或者有质量问题的，消费者可以自收到商品之日起七日内退货，经营者应当承担消费者必须支付的合理费用，并不得向消费者收取商品折旧费。根据《办法》的相关规定七天退货应当是有条件的，即商品与广告宣传不一致或者有质量问题，但是如果商品与广告宣传一致则认定标准是主观的，因此自由选择的范围很大，才成了"七天无理由退货"。因此，"七日内无理由退货"制度保护的是消费者的"反悔权"，"无理由退货"不等于有质量问题商品退货。为了平衡消费者和经营者的利益，新消法第二十五条已经列举了四种不宜适用无理由退货的商品，并作了补充规定。但经营者设立限退商品必须说明根据商品性质不宜退货的理由，不得随意扩大限退商品范围；另外，消费者退货涉及的"商品完好"应当包括消费者为检查、试用商品而拆封的情况，只要不是因消费者的原因造成价值明显贬损的，均属于"商品完好"。[②] 浙江省在消费者保护办法中明确了七天无理由退货，同时也规定了不适用退货的情形，但是对于本条在实践中使用贯彻的效果并不明显，因此确定七天无理由退货的适用标准非常重要。

(四)消费者知情权问题

1. 消费者知情权的缺失

我国《消费者权益保护法》第八条规定："消费者享有知悉其购

---

① 刘春泉：《电商消费者权益保护立法不可空位》，《第一财经日报》2013年8月9日第A07版。

② 中国经济网：《七天无理由退货成为消费投诉热点》，http://finance.sina.com.cn/roll/20140710/191519668390.shtml，2015年9月4日访问。

买、使用的商品或者接受的服务的真实情况的权利。消费者有权根据商品或者服务的不同情况,要求经营者提供商品的价格、产地,生产者、用途、性能、规格、等级、主要成分、生产日期、有效期限、检验合格证明、使用方法说明书、售后服务,或者服务的内容、规格、费用等有关情况。”这就意味着消费者享有知情权。但是与传统的购物相比,网络购物中消费者很难像现实中一样看货、试用、讨价还价实现其知情权。如果网络经营者不向消费者提供完整的货物信息,消费者的知情权就难以实现。① 网络购物一般通过网上下单、网上支付、配送等过程实现,在这些过程完成之前,消费者无法掌握真实可靠的商品信息,对商品的质量问题、是否存在瑕疵一概不知。因此,消费者在进行网上购物的过程中,权益受到非法侵害的情况不断出现。

2. 电商中消费者知情权的保护

网络购物一般通过网上下单、网上支付、配送等过程实现,在这些过程完成之前,消费者无法掌握真实可靠的商品信息,对商品的质量问题、是否存在瑕疵一概不知。因此在网络购物中必须明确消费者的知情权。消费者在网上购物时,网络商家必须将商品的质量保证、商品使用、售后服务、付款方式、付款时间、退换货条件、消费者纠纷解决方式等各种关于商品的信息明确的告知消费者,或者在网页用醒目的标示提醒消费者,相关部门也可以根据实际情况建立相应的商家在线披露制度,确保商家能为消费者提供准确的信息。②

(五)消费者个人信息的保护问题

1. 电商中消费者个人信息泄露问题

网上购物最容易出现的问题就是消费者个人信息的泄露。网

① 杨路明主编:《电子商务法》,机械工业出版社 2007 年版,第 91 页。

② 孙警予:《浅论电商时代消费者权益保护》,《现代经济信息》2015 年第 9 期,第 410 页。

络经营者收集和使用个人信息包括以下情形：第一，为确认身份和保存记录而收集和使用消费者个人信息；第二，为保证正常交易和提供服务而收集和使用消费者个人信息；第三，经营者为制定自身市场计划对消费者个人信息进行分析；第四，经营者经消费者授权使用个人信息；第五，经营者依据法律程序向有关机关提供消费者个人信息。[①] 网络购物中消费者往往需要向注册的网站提供比较完善的个人信息，如姓名、身份证号、住址、出生年月、银行卡号、信用卡号等，同时，在完善个人信息及完成网络购物的过程中，消费者的消费习惯、搜索过的商品及其他网络活动踪迹等个人数据都会被收集记录起来。对于这些个人资料，网站会以牟利的目的加以利用，根据消费者的搜索商品词及购买习惯进行有针对性的营销。更甚者，很多网站并没有根据事先承诺的那样对消费者的个人数据严格保密，而是擅自把这些用户的信息出售给形形色色的需求者，牟取暴利，这种行为给消费者的生活带来了极大的困扰。[②]

2. 电商中消费者个人信息的保护

一般电子商务中消费者个人信息的侵犯主要体现在账户密码泄露、个人信息被非法出售、IP 地址的追踪等等，而这些隐私问题的出现往往需要有力的网络技术和法律法规的保护。因此，在立法中保护消费者的个人信息，惩治泄露隐私信息一直很重要，呼吁建立企业对持有和使用的个人信息合法性的合理谨慎审查义务，不能说明所使用信息合法来源的，即为违法持有，未经许可使用的，即为非法使用，消费者应该可以起诉和索赔，赔偿至少应包括原告的诉讼费和必要律师费等合理开支，另加必要的惩罚性

① 刘子烨：《电商交易法规保护消费者力度不够》，《联合时报》2014 年 1 月 3 日第 2 版。

② 杨晓玲：《论网络交易中的消费者保护》，广西师范大学 2014 年硕士毕业论文。

赔偿。[1]

浙江省的电子商务走在全国电商发展的前端,但是在电商的立法却远远跟不上时代发展的潮流。电商中个人信息保护十分重要,因此浙江省在未来的立法当中应该对电商中个人信息着重保护。电商的保护离不开电商的信用体系的建立。在我国由于商家和用户对网上电子商务方式认知度不高,因而通常通过依靠CA认证来保证参与电子商务各方的真实性和可信赖性。[2] 但是在这个过程中极容易出现身份信息、财产信息的泄露,因此在立法过程中建立商家、消费者、网络服务提供商以及认证机构的信用体系非常重要;同时,对于那些没有达到刑罚标准的买卖个人信息、泄露个人信息的行为应在立法中给予严惩。

(六)网上消费者争端解决问题

消费者在缔结合同之后可能因为种种原因,如当事人一方故意或者情势变更等原因而不能履行,也可能出现经营者交付的产品存在瑕疵或者由于质量问题产生的人身损害而发生争议,但是争议过程中如何解决问题成为消费者和经营者面临的主要问题。我国消费者保护体系中对于消费者争端的解决并没有明确的规定,目前网上购物争议解决的途径主要是和解、在线仲裁。

1. 和解

和解是指合同双方当事人就争议事项达成一致意见而解决问题。消费者和商家通过网络聊天,双方提出争议的问题所在,双方就争议达成一致意见解决。通常情况下,消费者和商家为了更快地解决问题都会通过和解解决。

2. 在线仲裁

消费者争议解决目前可以通过在线仲裁来解决。在线仲裁可

---

① 刘春泉:《电商消费者权益保护立法不可空位》,《第一财经日报》2013年8月9日第A07版。

② 杨路明主编:《电子商务法》,机械工业出版社2007年版,第95页。

以分为两种模式:第一,淘宝第三方平台作为仲裁者;第二,网上仲裁机构仲裁。就第一种情形来说,大部分的网购消费者可能在退货或者邮费争议时都可以看到淘宝网页下方有提交淘宝第三方平台,由第三方平台判定责任的具体承担问题。第二种情形主要可能多针对跨境电商的纠纷解决。由于互联网所具有的虚拟性、全球性、高度自治性等特征正逐步渗透到相应的法律关系中,这对现有法律体系提出了挑战,使当事人利用诉讼解决争议在管辖权、法律适用、判决承认和执行等诸多方面遇到了难以克服的困难。在这种情况下,替代性纠纷解决机制(ADR)以其灵活性在解决电子商务争端中有着独特的优势,但传统的 ADR 又难以适应这种全球性的快捷高效的电子商务的需要,于是在全球范围内,特别是电子商务发达的欧美,兴起了一种替代性的"在线争端解决机制",国际上称为"ODR"(Online Dispute Resolution)。我国目前关于网上仲裁的规则有《中国国际经济和贸易仲裁委员会网上仲裁规则》。目前,ODR 管辖条款的订立一般有两种形式或来源:一是商家与在线争端解决网站签订合作协议;二是商家根据前合作协议与消费者之间签订的管辖条款。[①] 但是目前为止,我国对于跨境电商方面立法、ODR 的确立并没有规定,因此将这些问题纳入立法也是亟待解决的事。

消费者权益保护对电子商务的健康、快速发展有着很重要的影响,由于当前立法对电子商务消费者保护体系仍不健全,电子商务消费者保护仍存在很多问题,例如个人信息保护问题、电子合同问题、纠纷解决问题等等。目前我国《电子商务法》正在起草当中,这些问题都是要考虑的,确立这些问题在立法中的地位有利于消费者保护,但同时希望立法中设立有关于网购违约惩罚性的规定。关于十年前的浙江省消法实施办法,其回答了许多消法实施中的疑难问题,解决了许多消法不易解决的问题,也强化了消费者协会

---

① 俞秀文:《跨境电商在线争端解决机制研究》,《北京仲裁》第 91 辑,第 138—152 页。

的各项权能。消法实施办法制定不久后,中国消费者协会和中国法学会就联合主办了浙江省消法实施办法座谈会,与会的有关专家和政府相关部门的官员一致认为该办法是一部十分先进的地方性法规,为国家立法提供了丰富的实践,为各地实施消法提供了重要的借鉴,为发展消保事业提供了新的平台,为消费者带来了福音,为市场健康发展提供了保障。十年过去,有关消费者权益保护的新问题一直层出不穷,而在电子商务领域尤为明显。作为东部发达省份的浙江省,亦有责任在这个时候肩负起自身的使命,用法律治理上的先行,为国内其他地区关于电子商务中的消费者权益保护问题做出表率。

第八章 浙江省电子商务法律治理的发展前瞻

近些年来,电子商务作为现代互联网信息时代下的重要产物发展迅速,已经逐渐渗透到生产、流通和消费等商务活动的全过程中。但是由于产业格局和发展策略上的不同,我国不同地区的电子商务发展也呈现出不同的状况,而浙江省作为我国经济最活跃的省份之一,凭借先天有利的地理位置和后天积累的经济基础,一直都处于我国电子商务领域的领头羊地位。不可否认的是,电子商务的发展离不开相关法律的治理,伴随着电子商务逐步走向良性和规范,电子商务的法律治理也由最初的生涩慢慢走向成熟。浙江省作为我国电子商务发展最重要的地区,未来发展过程中必须在紧紧抓住树立"创新治理理念"和积极"回应前沿发展"这两个重点的基础上,把握好浙江省电子商务法律治理的发展趋势。

第一节 浙江省电子商务法律治理未来发展的两个重点

一、创新治理理念

传统的商务活动往往都是依赖于面对面的直接交易方式或者以纸面单证往来传递信息的方式进行的,无论你是亲自去商场购货还是用往来传递纸面单证的方式来询报价以签订合同等,这些都是通过直接或者间接的物理接触来完成现实中的业务交易。传统商务中的这种物理接触方式,也就注定了其交易信息不完善、交易成本高、耗费时间长、客户面狭窄等缺点。而电子商务作为传统商务基础上发展起来的新型商务形式，具有强大的包容性，它把不同领域很多不相干的概念、技术和工作都紧紧地融合到了一起，也把传统商务运作模式融合进了电子商务里，在原有商务模式的基础上不断进行改变和创新。它依托互联网信息技术而存在和进行，使得交易环境虚拟化，节省了交易的时间成本和物质成本，也使得交易对象范围广泛，快速地扩大了交易市场。

电子商务虽然产生不久但发展速度却势如破竹，紧接着，电子商务立法也迅速风靡全球，不论是发达国家还是发展中国家似乎都不甘落后。作为现今世界上最大的发展中国家，我国相比于美国等一些发达国家，计算机通信技术等起步较晚，所以无论是在电子商务的立法、执法和司法方面，还是在电子商务的实务和行业自律方面都没有较为成熟的经验，近些年来相关的法律治理工作也全靠自身摸索。无论是立法上一些新法的出台，还是司法上一些有影响力案件的审判，其实都是我国在电子商务法律治理上的一些探索成果。电子商务在交易模式上实现了对传统商务的突破，而电子商务的有效运行势必也需要一个与电子商务关系相匹配的法律保障体系作为条件，在建立这个法律保障体系时，必然要坚持的一个重点，就是创新治理理念。

传统的行业法治理念是以国家自上而下的对社会进行管理的理念为主导，强调的是国家对社会关系的一种管控权，而关于服务意识部分则非常薄弱。这一法治理念多少年来已经在我国国民心中根深蒂固，不可动摇，而这也成为互联网时代背景下，国家有效对电子商务领域进行法治治理面临的最大挑战，因为意识决定行动，僵化的意识根本无法适应变动的社会，更不用说引导。面对电子商务对现有法治体系带来的冲击，国家或许出于担心法律法规体系的改革可能带来不可控的市场之乱，或许忧虑大肆改革法律法规体系背后的巨大成本，或许是其带来的冲击之快、之大使国家还没来得及反应。因此，在电子商务这一领域上，国家进行法律治理时也习惯性地沿用以往的保守理念，采取管控式的治理方式，然而这些方式已经对电子商务的发展与创新形成了遏制，违背了治理的初衷。治理理论兴起于20世纪90年代的西方国家，治理被认为应该是一种自上而下与自下而上的互动过程，强调政府与社会之间通过合作、协商、建立伙伴关系、确立认同和共同的目标等方式对公共事务来实施管理，从而寻求政府与公民对公共生活的合作管理和实现公共利益最大化。浙江省作为全国电子商务领域的引领者，在未来的发展过程中一定要意识到在电子商务法律治理的变革中，首当其冲受到互联网冲击且为变革之根源的是法治理念的革新。所以，其一定要突破传统的法治理念，根据治理理论的精髓，树立一个国家自上而下和社会自下而上相配合的电子商务法治创新治理理念。

二、回应前沿发展

时间从来没有停下脚步，发展也从未自甘落后，总览目前全球的发展前沿，移动通信和互联网无疑已经成为当今世界上发展最快、市场潜力最大、发展前景最诱人的两大领域。手机游戏、手机支付、位置服务、移动音乐等移动互联网应用的出现已经向我们表明，移动互联网正在渗透到我们工作、学习、生活的各个领域，而移动互联网应用如此迅速的发展，也为移动电子商务的发展打下了坚实的基础。移动电子商务，顾名思义，其就是利用手机、iPAD及掌上电脑等无线终端进行的电子商务活动。它将互联网、移动通信技术、短距离通信技术和其他的信息处理技术完美地结合在一起，使人们可以在任何时间、任何地点进行各种各样的商务活动。它极大地扩展了电子商务应用的时间和空间，实现了随时随地与线上线下的电子交易、在线电子支付和各种商务活动、金融活动一起其他相关的综合服务活动。

移动电子商务这一概念，最先是由电子商务的概念衍生出来的，日常生活中，所说的电子商务一般都是以电脑为主要界面的，是一种有线的电子商务。而移动电子商务，则是通过手机、iPAD、掌上电脑等这些可以装在口袋里的移动终端与我们谋面，无论何时何地都可以开始，这是一种无线的电子商务。它是移动通信技术和电子商务应用这两大领域的结合体，而随着今后移动应用技术的进一步发展，移动电子商务也将为电子商务领域继续注入新的活力。在看到移动电子商务美好发展前景的同时，还应该看到目前我国关于移动电子商务的发展仍面临着许多问题，这些问题如果不尽快地解决将对移动电子商务未来的发展形成极大的制约，其中法律治理上的缺失无疑是面临的最大的问题。

作为电子商务和移动互联网应用基础上发展起来的一种更为崭新的商业模式，我国移动电子商务产业也才刚刚起步，市场发展还不够成熟、不够健全，加之目前也没有统一的国家标准或者管理机构，使得其不可避免地会在交易过程中出现一些相关的经济纠纷和法律问题，而且随着移动电子商务未来更加快速的发展，这些问题也会不断增多和更加复杂。虽然我国现在已在电子商务的法律治理上取得了一些理论成果和实践经验，然而这些成果和经验却很少涉及移动电子商务等前沿领域，比如《电子签名法》等相关法律法规中都鲜有关于移动电子商务方面的规定。在行业协会上，目前较有影响力的也只有于2014年9月在北京"2014中国移动电子商务大会发展高峰论坛暨掌商工程移动营销标准化启动仪式"上成立的中国通信工业协会移动电子商务专委会。该协会虽致力于联合国内促进移动电子商务产业发展与应用推广以及信息化建设的企事业单位和个体，在平等互利、优势互补、资源共享、合作共赢的原则下，积极推动移动电子商务的自主创新与科学发展，但由于其刚刚成立，工作还在初步开展阶段，所以还没有发挥重要的作用。不远的将来，移动电子商务领域必将会是一个群雄博弈的舞台，作为我国电子商务领域引领者的浙江省，必然也不能在这场博弈中落下脚步。未来随着互联网科技的日益成熟和交易模式的不断更新，许多新的问题也都会慢慢现身于电子商务领域，面对这些前沿问题，绝对不能因为小看而忽视、因为麻烦而回避，而要用一种积极地态度去面对它，解决它。所以，关注电子商务发展趋势，积极回应电子商务发展过程中的前沿问题，也必将是未来浙江省电子商务法律治理需要把握的另一个重点。

第二节 浙江省电子商务法律治理的发展趋势

一、保持宽松的电子商务创新创业环境

目前,市面上的众多商家已经意识到电子商务市场的快速发展和巨大潜力,现有电子商务商家数量的不断增加和成交订单数量的不断增加也向我们证明着电子商务巨大的市场前景。而一个东西要想保持良好的发展态势,还必须有一块营养充足的沃土去培育它,电子商务的发展紧紧依托着先进的互联网科技,而互联网科技的发展又离不开源源不断的创新。我们甚至可以这样说,在未来的电子商务市场,谁取得了创新谁就取得了市场的主动权,谁取得了创新谁就终将成为市场的引领者。未来电子商务的创新不仅会在技术层面,还将渗透到商业模式、用户体验以及整条产业链的方方面面,创新将会无处不在。所以浙江省未来电子商务的法律治理工作也必须将创新放在首位,支持创新,鼓励创新,为电子商务市场的发展提供一个宽松的创新环境。

二、事前预防与事后应对机制的完善

在我国电子商务的实践中,相比于事后应对措施,国家更偏重于制定事前预防措施,出于谨慎的态度,国家对很多新兴的电子商务都持保守和怀疑的态度,因此也就相应地设定了大量的事前预防措施,而在这些预防措施中,行政许可尤为严重。一直以来,行政许可都是我国政府进行相关领域法律治理的一把利剑,而正是政府对行政许可这种过于重视的态度,使其对行政许可制度产生了过度的依赖,甚至会无形中误认为要进行法律治理就必须设定行政许可,设定了行政许可就是进行了法律治理,这便导致了许可性监管的泛滥和事前预防机制的混乱。虽然我们都知道,事前预防机制可以防患于未然,但是过度的事前预防措施却会大大阻碍电子商务产业的发展,会约束互联网信息技术时代的创新,进而影

响整个市场经济的健康发展。在此问题上，浙江省政府应借鉴美国、德国等大多数发达国家的经验，在电子商务领域提倡市场竞争自由，不主张政府去进行过多的管控，而重视发挥市场在资源配置中的决定性作用，避免因为政府过早的介入而扼杀新技术、新市场的发展。然而这并不是说我们要立即彻底地抛弃事前预防措施，因为就我国现阶段的市场经济发展状况和消费者自我保护情况来看，我国目前还不具备完全放弃事前监督措施的条件。所以，在未来的发展进程中，浙江省政府应逐步完善电子商务领域内的事前预防机制和事后应对机制，使两者可以相互配合，共同发挥作用。

三、国家干预与行业自律的有机融合

目前，国家干预和行业自律的有机融合被许多国家都当作是电子商务界一种新的有效治理模式，因为此模式既坚持了强有力的依法治理又特别强调了行业自律作用的充分发挥。国家干预主要是指国家通过立法、执法和司法途径对电子商务领域进行的调控，是对电子商务领域法律法规政策环境的完善，是一种基于电子商务行业而进行的外部治理；而行业自律则主要是指在法律法规的指导下，电子商务行业自发进行的内部治理，即在完善的法律法规这样一个外部环境下，由电子商务界内成立的一些行业组织发起的内部治理。面对我国地区内普遍的国家干预过度和行业自律缺乏这样一种电子商务法律治理现状，浙江省作为全国电子商务领域发展的重要地区，首先理应运用现有的法律体系进行治理，并且依据市场发展的新情况及时更新和完善这些法律规章制度。其次要尽快加强省内电子商务行业的自律制度建设，在省政府及各市政府的指导下成立具有实效的行业协会，并充分发挥这些行业协会的作用，让其可以积极地参与到电子商务治理活动中去，带领业界同仁共同制定并监督实施行业规则，协调彼此间的利益关系，维护电子商务领域的良好发展。

第三节 浙江省电子商务法律治理的展望

浙江省是电子商务大省，传统产业及社会各领域电子商务应用快速推进，技术、支付和物流等支撑服务也都取得了重大突破，各项主要指标也均处于全国前列。浙江省的电子商务产业不但基础扎实，而且发展很快，杭州市和金华市都分别被授予了“中国电子商务之都”和“中国电子商务创业示范城市”的称号。目前，浙江省不但拥有着阿里巴巴、中国化工网等国内电子商务界的行业巨头，也拥有一大批全国范围内领先的行业电子商务平台，这些都将为浙江省电子商务的持续发展提供重要动力。其实，电子商务自起步、发展以来，一直保持着高速发展的态势，在今后的一段时间内也必将维持这种态势继续增长。我国作为世界的第二大经济体，网民数量居全球第一，随着市场消费的主力军逐渐演变为具有网络消费习惯的新生代居民，我国电子商务市场交易规模也将大幅度地提升。因此，浙江省政府也应高度重视电子商务工作，加快工业化与信息化的深度融合和对移动智能终端的加速应用，为电子商务市场的快速增长打造坚实的基础。浙江省发展电子商务，要想取得成就，还必须立足于自身基础，做出特色，充分发挥浙江省一直以来富有活力和创新的民营经济机制和体制优势，除了发展和壮大一些综合性的龙头企业外，还应该重点发展行业性的特色产业平台，最终形成完善的电子商务交易服务、支撑服务和衍生服务等服务体系。除此之外，还要全面开展立法、执法、司法和法律指导下的行业自律工作，出台诸如《浙江省电子商务交易条例》之类的规范性文件，规范省内电子商务的发展。虽然国家已经开始着手制作电子商务规范方面的一些规范性文件，但是由于我国国内发展水平不一，而且制定全国统一的法律法规仍需等待较长的时间。所以，浙江省作为我国东部发达省份以及国内电子商务领域的领头羊，应该根据省内实际情况，加快出台电子商务领域的相关规范性文件，为省内电子商务产业的发展提供良好的法律、法规和政策环境，争取早日把浙江省建设成为具有一流竞争力、特色鲜明的全国性乃至有国际影响力的电子商务中心城市。

后　记

在电子商务领域，浙江省在全国，乃至全球，都留下了自己特有的印记。浙江省电子商务基础扎实、氛围浓厚，杭州市、金华市分别被授予“中国电子商务之都”和“中国电子商务创业示范城市”称号，拥有全球最大的B2B平台、C2C平台和第三方支付平台及一大批全国领先的行业电子商务平台。《浙江省电子商务产业“十二五”发展规划》更是明确提出，要打造“国际电子商务中心”这一战略目标。

浙江省在电子商务领域取得的成就有目共睹。而这一成就的取得，与浙江省在电子商务领域采取的法律治理措施有着密切关联。因此，浙江省电子商务的法律治理经验无疑有着重要的理论和现实意义，值得认真思考和总结。本书的目标，即在对浙江省多年来治理电子商务领域所形成的经验，做全面、系统的梳理总结。

本书的参与者，都对电子商务领域有着浓厚的兴趣和持续的思考，并在每周一次的面对面研讨会中对相关主题深入交换过意见。在写作的分工上，具体如下：第一章由王丽红负责，第二章由杨梦寒负责，第三章由罗杰龙负责，第四章由郑舒欣和彭木林负责，第五章由付晓负责，第六章由章越负责，第七章由封辉静负责，第八章由王丽红负责。全书在反复修改完善后，最终由徐伟和王丽红统稿完成。

感谢浙江省社科联和宁波大学法学院提供的这个宝贵的机会，使我们这些对电子商务有着长期关注的作者得以有机会将自己的一些想法见诸铅字。同时，本书也得到2015年浙江省软科学研究项目“大数据挖掘技术引发的消费者个人信息利益冲突及法律应对研究”（编号：2015C35025）的资助，在此一并致谢！